极简
经济学

有趣又实用的
80个经济学常识

朱 虹——编著

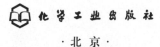
化学工业出版社

·北京·

内 容 简 介

本书共有9章，分别从生活经济学、宏观经济学、消费经济学、理财经济学、职场经济学、管理经济学、博弈经济学、国际贸易经济学和婚恋经济学等方面着手去写，在解释经济学原理的基础上，旨在让经济学常识更贴近生活，更接近大众，让读者时时刻刻能感到经济学的存在，更能从身边的大事小事中，找出所蕴含的经济学真相，还原经济学的系统知识，并利于读者用经济学的思维和视角思考和解决日常生活中遇到的各种问题。

本书用简明易懂的解析、生动形象的现实案例，解读了我们日常生活和工作中会遇到的经济学问题。阅读本书，读者会发现，经济学其实并没有想象中那么难。

图书在版编目（CIP）数据

极简经济学：有趣又实用的 80 个经济学常识 / 朱虹编著. — 北京：化学工业出版社，2021.12（2023.11重印）
ISBN 978-7-122-39849-9

Ⅰ. ①极… Ⅱ. ①朱… Ⅲ. ①经济学 – 通俗读物
Ⅳ. ①F0-49

中国版本图书馆 CIP 数据核字（2021）第 181531 号

责任编辑：卢萌萌　　　加工编辑：王春峰　陈小滔　　　美术编辑：王晓宇
责任校对：宋　夏　　　　　　　　　　　　　　　　　装帧设计：水长流文化

出版发行：化学工业出版社（北京市东城区青年湖南街 13 号　邮政编码 100011）
印　　装：涿州市般润文化传播有限公司
880mm×1230mm　1/32　印张 9　字数 201 千字　2023 年 11 月北京第 1 版第 3 次印刷

购书咨询：010-64518888　　　　　　　　　　售后服务：010-64518899
网　　址：http://www.cip.com.cn
凡购买本书，如有缺损质量问题，本社销售中心负责调换。

定　　价：49.00 元

| 前言 |

经济学无处不在，大到国家政策、货币政策、外汇制度，小到日常生活中的生活消费、工作学习、理财投资等方方面面。

经济学与我们每个人都息息相关，可以说经济学就在我们身边，每个人也都离不开经济学，生活中很多事情都可以用经济学原理来解释，从出行经济学到职场经济学，从人脉经济学到投资经济学，从婚姻到房价，从新闻到国家政策。

然而，经济学发展到今天已变得越来越复杂，一提到经济学，大多数人感觉仍是过于专业、深奥，晦涩难懂的词汇和各种高深的数学模型令人生畏。

我们希望将抽象晦涩的经济学原理转化为通俗易懂的生活道理，运用通俗易懂的语言、生动直观的案例，既能让读者轻松一笑，又能引发读者对于周围生活乃至宏观经济的思考，使普通大众也能爱上经济学，构建起经济学思维方式，看得懂经济学，并最终为己所用，游刃有余地应对繁杂生活中的问题。

这里，笔者摒弃了传统经济学著作中抽象的理论阐述、概念解释和公式核算等，取而代之的是通俗的解析、生动的案例，更易懂、更具趣味性，更容易被普通大众接受。阅读本书，读者会发现，经济学其实并没有想象中那么难。

本书共分为9章，主要介绍了生活经济学、宏观经济学、消费经济学、理财经济学、职场经济学、管理经济学、博弈经济学、国际贸易经济学、婚恋经济学等内容，在解释经济学原理的基础上，提取与大众息息相关的80个经济学常识，更贴近生活，让读者从身边大事小事中找出经济学现象，学到经济学知识，并运用经济学知识指导生活，让读者轻松阅读。

因成书时间有限，涵盖知识非常广，本书难免存在一些疏漏之处，还望读者多多提意见。同时，要感谢领导和同事们，是你们的谆谆教导和信任帮助我踏入经济学大门、开启精进之路，也感谢家人、朋友们，给予我无私帮助，让我完成一次又一次的挑战。

编著者

| 目 录 |

第 1 章 | 生活经济学

每天学一点经济学，拥有不一样的人生   1

1. 机会成本：学会选择，懂得放弃   2

2. 固定成本：成本控制的关键因素   5

3. 规模效应：一加一也能大于二   7

4. 激励：人的行为都会受激励的影响   10

5. 比较优势：做事情要善于发挥自身优势   14

6. 理性人：以最小代价获得最大的利益   17

7. 信用：反映着"借"和"贷"的关系   20

8. 通货膨胀：货币增加，物价上涨   25

9. 通货紧缩：是什么在阻碍经济的复兴   29

10. 看不见的手：它在默默调控市场经济活动   33

11. 商品：还有什么不能用于买卖   36

第 2 章 | 宏观经济学

每天学一点经济学，了解经济运行规律   39

12. 货币：国家经济的主框架   40

13. 宏观调控：看得见的手   43

14. 财政赤字：国家也有入不敷出的时候   45

15. 失业率：还有多少人没有工作   47

16. 经济周期：为什么经济会波动   50

17. 财政政策：国家调控宏观经济的左右手   53

18. 中央银行：国家货币政策的制定者、执行者   57

19. 利率：政府干预经济的杠杆   61

20. 菲利普斯曲线：失业与通货膨胀的关系   65

21. 恩格尔系数：衡量民众生活水平的通用指标   68

第 3 章 ｜消费经济学
每天学一点经济学，掌握神奇的消费规律   72

22. 需求定律及其例外：商品价格与需求量的关系   73

23. 棘轮效应：由俭入奢易，由奢入俭难   77

24. 购买力平价：你的钱在其他国家能买到什么？   79

25. 性价比：聪明消费，舍我其谁   82

26. 税务统筹：合理合法地去节税   85

27. 保障性住房：低收入家庭的"家之梦"   88

28. 养老保险：给未来一个保障   91

29. 垄断：钻戒怎么就那么贵   94

30. 转嫁效应：人民币升值是否有利于化解通货膨胀　96

31. 网红经济：真的是看脸时代的产物吗？　98

32. 电商直播：将互联网流量资源玩到极致　101

33. 5G经济：进入以人工智能为技术手段的新阶段　103

第 **4** 章 | **理财经济学**

每天学一点经济学，轻松理财让财富倍增　108

34. 复利：威力巨大的财富增值工具　109

35. 马太效应：让钱去赚钱　111

36. 储蓄：个人理财的第一步　114

37. 股票：高风险高收益的理财方式　117

38. 基金：风险回报皆适中　121

39. 期货：四两拨千斤的杠杆理财　126

40. 投资组合：别把鸡蛋放一个篮子里　131

第 **5** 章 | **职场经济学**

每天学一点经济学，用经济学思维让自己不可替代　135

41. 人才经济学：萧何为何月下追韩信？　136

42. 路径依赖：你对自己的工作感到满意吗？　138

43. 择业经济学：何谓热门与冷门？ 141

44. 注意力经济学：学会毛遂自荐 144

45. 蝴蝶效应：你不曾注意的职场经济学 147

46. 替代效应：怎样拥有"金饭碗" 150

47. 智猪博弈论：你是"大猪"，还是"小猪" 153

48. 木桶定律：补齐自己的短板 156

49. 蛛网理论：热门职业是如何变动的 159

第 6 章 ｜ 管理经济学

每天学一点经济学，助力企业降成本增效益 164

50. 完全竞争市场：经济学的理想假设 165

51. 产品生命周期：产品的"生老病死"与营销 168

52. 奥格尔维法则：借力使力的艺术 170

53. 竞争策略：伟大的成功，需要对手的存在 174

54. 成本最小化：节约成本相当于提高利润 176

55. 激励机制：理解员工的偏好，完善现代企业制度 181

56. 扁平化管理：提升管理效率 185

57. 华盛顿合作规律：避免团队内耗 188

58. 蓝海战略：如何让企业杀出重围 190

第 **7** 章 | 博弈经济学

每天学一点经济学，多些理性少些冲动　　　194

59. 零和与正和、负和博弈：怎样才算真的赢　　　195
60. 纳什均衡：己所不欲，勿施于人　　　201
61. 囚徒困境：让利益最大化的理性选择　　　206
62. 博弈中的信息论：信息等同于财富　　　209
63. 懦夫博弈：狭路相逢勇者胜　　　214
64. 博傻理论：是什么在驱使投机行为　　　216
65. 概率事件：信息不对称情况下的博弈对策　　　219

第 **8** 章 | 国际贸易经济学

每天学一点经济学，看清国际形势做好自己　　　225

66. 国际贸易：分工合作，优势互补　　　226
67. 顺差与逆差：出口与进口的关系　　　228
68. 贸易保护：限制国际贸易的措施　　　232
69. 知识产权：无形的垄断　　　237
70. 商品倾销：低价出售也是罪　　　241
71. 汇率：各种货币之间的关系　　　245
72. 热钱：经济危机的推手　　　249
73. 世界贸易组织：国际贸易争端的"调解者"　　　253

第 9 章 | 婚恋经济学
每天学一点经济学，幸福是一种稀缺资源

258

74. 恋爱成本：谈钱伤感情，谈感情"伤钱"　　259

75. 消费者剩余：找一个你爱的人，还是爱你的人　　262

76. 帕累托最优：门当户对的观念可能并不过时　　265

77. 沉没成本：是否放弃关键看是否投入过　　268

78. 逆向选择：鲜花总在牛粪上插　　270

79. 边际效用递减：女博士的择偶观　　273

80. 离婚决策值：要做好付出相应成本的准备　　275

第 1 章

生活经济学

每天学一点经济学，拥有不一样的人生

经济学非常高深，涉及各种数学模型和晦涩难懂的词汇，但万物皆有"道"，很多经济学原理正是源于生活，可以为认识世界提供理论依据，有了这些理论依据就可以透过各种现象把握其中的"道"。

1. 机会成本：学会选择，懂得放弃

《艺文类聚》中描述了这样一个故事：

齐国有个女儿，有两家男子同时来求婚。东家的男子长得丑但是很有钱，西家的男子长得俊美但是很穷。

父母犹豫不决，便征询女儿的意见，要她自己决定嫁给谁，对她说："要是难以启齿，不便明说，就袒露一只胳膊，让我们知道你的意思。"

女儿便袒露出两只胳膊。

父母感到奇怪，就问其原因。女儿说："想在东家吃饭，在西家住宿。"

故事中齐女的想法在现实中是不可能实现的。当鱼和熊掌不能兼得时，选择吃鱼，就不能吃熊掌，这就是选择的机会成本。所谓机会成本，又称选择成本，是指做一个选择后所丧失的、不做该选择而可能获得的最大利益。

案例1

美国诺贝尔经济学奖获得者萨缪尔森在其《经济学》中，曾以热狗公司为例来说明机会成本的概念。热狗公司所有者每周投入60小时来经营自己的公司，但不领取工资。到年末结算时公司获得了22000美元的可观利润。但是如果这些所有者能够找到其他收入更高的工作，使他们年收益达到45000美元，那么，他们所从事的热狗工作就会产生一种机会成本，即他们

> 从事了热狗工作而不得不失去的其他获利更大的机会。
>
> 　　对于此事，经济学家这样理解：如果用他们的实际盈利22000美元减去他们失去的45000美元的机会收益，那他们实际上是亏损的，亏损额是23000美元。

　　其实，机会成本存在于我们生活的方方面面，因为我们的时间、精力、财力都是有限的。甚至可以说，我们的每一个行为都是选择的结果：也许有买一套服装的预算，但同时看中了两套各具特色的衣服；也许你攒了一笔钱，准备添置新的家具，却不知道是买一套组合柜，还是换一套新的餐桌椅；也许你大学快毕业了，犹豫着是继续攻读研究生，还是去工作；也许你有一笔可以投资的资金，不知道是该投向计算机软件业，还是投向音像出版业；等等。这些问题都等着我们去做决策，只不过决策的内容有多有少。

　　如果几种选择之间优劣分明，做决策是再容易不过的事情。比如：有两家公司，其他情况都相同，一个答应每月付你8000元工资，另一个答应付你5000元，应该去哪家公司是不言自明的。但如果都付你8000元工资，你就很难判断去哪一家更好。当然，这是一个很极端的例子。两种方案的成本收益完全一样的情况是极为罕见的，更多的是它们优劣相近，难分伯仲。这时我们就要费心权衡，这其实就是犹豫。在甲、乙两公司均愿意每月付给你8000元工资的例子中，如果你接受了甲公司的工作，在得到每月8000元工资的同时，你就会失掉乙公司每月付你8000元的机会，因此你获得8000元收益的机会成本也是8000元。

如果去歌厅和去电影院对你同样有吸引力，不妨掷硬币决定去哪儿。当然，如果是重大决策，还是多考虑为好。比如选择爱人，可就不能用掷硬币的方法了。

总之，选择最高价值的选项是明智的决策，它可以将机会成本降得尽可能低。当然，有时候，我们也会碰到不得不放弃最高价值选项的情况，这时候，与其相对应的那个"机会成本"——它在理论上处于第二高的价值顺位，就变成我们最好的选择了。

那么，面对机会成本时该如何选择？可按照以下两个思路进行。

（1）学会权衡利弊

每个人对机会成本的感觉都有偏差，要善待自己，也要善待他人；既要尊重自己的感觉和选择，也要尊重他人的感觉和选择。如果纯属个人选择，决策应尽可能地由自己做出，因为只有自己才最了解自己的情况，而别人对决策缺少充分的信息。

（2）敢于放弃

获取与放弃是相互伴随的，有获取必定会有放弃，有放弃才会有获取。什么都想抓到，什么都想得到，最终往往什么也抓不住，什么也得不到。为降低选择的机会成本，我们需要从客观情况出发，对被放弃的机会做出正确的评价，应敢于放弃，选择对自己最有利的。

2. 固定成本：成本控制的关键因素

在学习了机会成本之后，再来学习另一个非常重要的成本概念：固定成本。先来看一个案例。

案例2

小王加盟了一家品牌烘焙店，在一所小学周边相中了一个不错的商铺，准备开学前好好装修一番，以便在返校季前顺利开业。商铺面积45平方米，但因为处于黄金地段，房租并不便宜，一年下来要20万元。小王咬咬牙，签了租约，心想着依靠学校周围的客流量把这房租赚回来肯定轻而易举。

一个月后，小王的烘焙店开业了，如他所料，生意确实火爆。第二年春节，小王想趁假期算算账，结果一算之后傻眼了，开业快半年，自己的烘焙店并没有赚多少钱。小王很是失望，想不通为什么天天这么好的生意，自己账上却没有多少盈利。

朋友小李听了，过来帮忙分析，一看也傻了眼，小王这店铺的成本也太高了，房租、烘焙设备、店铺装修费用、人工工资、水电、原材料等都高得惊人，就算每日客流量不错，也只是勉强覆盖成本而已，这不亏才奇怪。

从上面这一个失败的创业案例，我们不难看出，营业额的增加未必能够带来利润的增长，利润多少的关键还在于成本的控制。可以用一个简单公式来描述一家店铺利润的组成：

$$利润 = 收入 - 成本$$

换句话说，收入越多、成本越少，这家店铺的利润才会越多。其中，成本又分为固定成本与可变成本。固定成本，指的是那些不随公司业务量变化而变化的费用。也就是说，公司不论增产还是减产，这部分的费用都是不变的，是"固定"的，比如厂房租金、办公用品等。可变成本，指的是那些随公司业务量变化而增加或减少的费用，比如原材料、销售佣金。

按照成本投入的目的，固定成本还可进一步分为约束性固定成本与酌量性固定成本。

（1）约束性固定成本

约束性固定成本，指的是企业为了能够持续提供产品或服务所必须要付出的成本。在实际经营中，厂房、机器设备的折旧、房屋租金、管理人员的工资等都是约束性固定成本，它们的投入都是为了维持企业稳定的经营能力。由于这类固定成本一旦确定，不能轻易增减，具有"约束性"，故被称为约束性固定成本。

（2）酌量性固定成本

酌量性固定成本，指的是企业在年初根据当年度经营计划的预算金额而确定所需投入的固定成本。在实际经营中，新产品的研发费、广告费、新入职员工的培训费等都是酌量性固定成本，它们的金额只在某一段经营时期内确定，企业管理层可以在下一个经营年度做出调整。由于这类固定成本是企业管理层根据实际经营情况进行斟酌而定的，因此被称为酌量性固定成本。

梳理完毕固定成本后，一个人想开店就可以从这两方面下手。

（1）在企业经营初期，尽可能减少固定成本投入

在经营初期，企业面临的市场风险与不确定性都很大，因此想要快速获得盈利，就必须在减少固定成本与增加业务量上下功夫，比如降低原材料的采购价格、节约不必要的办公开支。当然，这里并不是说企业的一切经营要以降低成本为准，而是在保持企业竞争优势的前提下尽可能缩减开支。

（2）在企业经营稳定期，提升固定成本的投入产出率

当企业度过初创期，步入经营稳定期后，固定成本也就基本稳定，企业应该尽可能提升它的投入产出率。比如，某家企业的机器设备只有3台，但它通过改进设备生产流程等方式，提升了每台设备的单位时间产出效率，这样一来，企业无须通过购置更多的设备，就可以提升产能，这样从生产环节就节约了成本。

3.　规模效应：一加一也能大于二

人们总觉得企业越大越好，那么企业家到底为什么总是希望把企业做得越大越好呢？让我们一起来看下面的案例。

> **案例3**
>
> 　　2019年11月，美团公布三季度财务报告，营业收入275亿元，同比增长44.1%，调整后净利润19亿元，较上一季度环比

增长27.5%。

由于上季度美团财报首次扭亏为盈，外界对于其三季度是否可以延续盈利密切关注。二季度财报公布时，美团创始人王兴曾解释公司盈利与季节因素有关（夏季为外卖旺季），但三季度财报喜人的数据打消了外界疑虑。

对此，王兴在财报电话会中指出，美团主要业务涉及外卖、到店、酒旅、出行等，当初亏损是因为外卖、出行上的亏损，而本季度两者运营效率都有所提高。

《经济观察报》分析认为：三季度，美团通过外卖、出行等高频次低毛利的服务，为到店、酒旅等低频次高毛利服务带来流量和用户。美团APP已经成为一个大平台，把持住中国年轻人吃饭需求的美团，出行业务也逐渐走向正规。美团连续两次盈利，背后是美团成为生活服务公司第一名，业务量扩大后享有的规模经济效应，也是高频业务带给低频业务流量，高毛利业务补贴低毛利业务的组合打法。

所以不难看出，企业为什么规模越大越好？实际上是为了追求"规模效应"。规模效应又称规模经济，指的是企业因为规模增大而带来的经济效益的提高。在实际经营中，企业随着经营管理与业务规模达到一定水平，各项生产要素的单位成本投入产出比也得以提升，达到了"1 + 1 > 2"的效果。

英国著名哲学家和经济学家亚当·斯密在其著作《国民财富的性质和原因的研究》中，曾这样叙述他在现实生活中观察到的规模效应：他参观一个针厂，第一个工人抽铁丝，第二个工人拉直，第三个工人截断，第四个工人削尖，第五个工人磨光顶端以便安装圆头，这种工序上的专业化使得这家针厂的工人们每天能够生产几千枚针。亚当·斯密得出结论："如果工人选择独立工作，而不是作为一个团队来工作，那他们肯定不能每人每天制造出20枚针，或许连一枚也造不出来。"

只要你细心观察，上面的这种现象在现代社会里普遍存在，比如一家企业会划分为研发部、销售部、客户部等部门，每个部门各司其职，这样才能更为有效地执行企业的年度经营计划。

那么，你可能会问，是不是企业规模越大，效益就一定越好？答案是否定的。通过之前的学习，我们都知道企业成本包括固定成本与可变成本。如果想要获得利润，那么收入必须大于成本。当固定成本确定时，企业通过优化工序、改进设备等方式提升产能，即在固定成本的基础上，每额外投入一单位可变成本产出的产品变得更多，或者说产出一单位产品投入的可变成本变得更少，最后导致企业利润随着产能提升而增加，实现规模效益。但一旦每额外投入的一单位可变成本不能实现更多的产品产出，或是产出单位产品所投入的可变成本没有得以降低，那么规模效益就不能实现，这在经济学上被称作"规模不经济"。

随着经济发展，社会总资源愈发稀缺，企业怎样利用有限的资源实现规模经济，就成了企业经营发展过程中必须面对的问题。企业可以考虑以下几方面。

（1）通过股份制改革，实现企业组织内部优势互补

企业可以通过股份制改革，实现组织内部优势互补，加强集团

内部紧密联系，通过相互参股和控股建立稳定的利益共同体。随着业务规模持续扩大，以母公司为核心的集团可以从项目建设到技术开发形成一个有机整体，全流程把控业务各个环节，以实现生产效率的提高与业务成本的节约。

（2）通过技术创新，实现企业生产效率提升

企业可以通过技术创新，改进生产设备的性能，优化流水线的制作工序，在有限的生产与经营管理资源基础上，实现生产效率最优化，从而降低单位产品的成本，使得企业能够给予消费者更优惠的定价，最终提升企业在行业里的核心竞争力。

（3）加强人才资源储备，实现企业经营效率提升

企业往往关注实物资源，而忽视了人力资源。实际上，在现代社会中，人才已经成为各大企业争夺的焦点。优秀的技术人才能够促进企业生产端技术创新，优秀的管理人才能够提升企业内部管理效率，优秀的销售人才能够改善企业存货周转率。总而言之，企业应该持续实行人才强企战略，才能为自身规模化发展提供强有力的人才资源保障。

4. 激励：人的行为都会受激励的影响

假设做一件事情的成本增加了，我们就会减少这种行为；如果做一件事情的利益增加了，我们就会更愿意去做。对于那些能够调动人们积极性的要素，经济学家们都十分重视，并由此产生了著名

的激励理论。

就像生物学中的应激性——人们会对"激励"做出反应，做或不做某个行为。例如，2011年3月，受日本大地震影响，日本东京电力公司下属的福岛核电站严重损毁，大量放射性物质泄漏。此时，受谣言"碘盐可以防辐射"的误导，我国多个地区都出现了碘盐抢购潮。这就是人们对外部因素"激励"的反应行为。一句谣言，既"激励"消费者对碘盐的需求量上升，又"激励"碘盐销售者抬高碘盐价格并囤积碘盐。在谣言的"激励"下，很多人施行了"服碘盐防辐射"这个行为，尽管这个"激励"是不正确的，但是这个现象确实能说明市场信息对消费者和销售者行为的巨大影响。

激励理论是指通过特定的方法与管理体系，将员工对组织及工作的承诺最大化。激励理论是关于如何满足人的各种需要、调动人的积极性的原则和方法的概括总结。在经济学中，激励被广义地定义为一切足以影响人们自觉行动的刺激因素，它与人们的利益产生直接或间接的关系，它既可以得到预期的良好表现，但也可能带来不利后果。因此，利用激励理论来促使人们做或不做某种行为时，可以采取"奖赏"或"惩罚"的方法。

案例4

商场里"打折""返券""赠送"等种种促销方法，就是商家为了刺激顾客购买欲的"奖赏性激励"方法。在这些方法面前，即使有人去逛商场之前已经列好购物清单、做好了预算，他们中的许多人还是因为便宜划算的促销，花钱超过预算。这就是我们对商家"奖赏性激励"做出的反应。至于"惩罚性激励"也很常见，上班迟到扣奖金、司机违章被罚款等，都是为了规范人们行为而实施的"激励"措施。

能够激励人们的因素有很多种，职位和薪水的提升、社会地位和名誉、家人的幸福等，都能够调动人们奋发拼搏的积极性。作为经济学中的重要原理之一，激励现象存在于人们的任何决策和行为之中。在我们做决策时，就是要用尽可能低的成本来提高自己或别人的满意度。

一种制度把个人利益与组织整体利益统一起来，让个人在实现自身利益的同时也实现了组织的整体利益，这样的制度就是激励机制。激励机制一旦形成，它就会内在地作用于组织系统本身，使组织机能处于一定的状态，并进一步影响着组织的生存和发展。有一个典型的例子，就是商场和商户的关系。

案例5

有这样一位老板，他在开会时告诉下属："下一家店要开在房租随营业额增减的地方。"下属们都糊涂了，如果按老板说的找店面地址，那么大家越努力提高店铺的业绩，房租越会提高，这岂不是相当于给房东打工了?面对员工的疑问，老板笑而不语，只是要求大家尽量去找。几经比较之后，终于找到一家老板满意的店面。开业一年后盘点时，大家发现新店的投入产出比居然好于以前那些固定租金的店面，于是公司里到处都是对老板的赞美。

这个老板到底是如何考虑的呢?

其实，"浮动租金"对商场和商户都是一种激励，商场会为了获得更多的租金而努力宣传商场、提高客流量，而对于商户来说也会在商场客流量增加的情况下实现更多的销售额。毕竟如果没有大量顾客光临购物中心的话，商户就无法提高自己的营业额。而在固定租金的条件下，对于商场的管理者来说，无论有多少客流量，都对他们的收入没有影响（除非商户由于客流量小而搬走）。上面例子中的老板看重的正是"为了提高房租收入，房东一定会努力为我们招揽客人"这一点，才特意选择"房租随店铺营业额增减的地方"。这不仅不奇怪，而且还是一种十分合理的选择。

在我们的身边，激励无处不在，理解这点，我们就能更好地洞见社会中的种种信息和行为，做出有利于自己的决策。社会是一个整体，人们会在被激励的同时激励着别人，这种激励关系能成就精彩多样的良性互动。

辨明正负激励，使行动变得更加积极。

（1）正面激励的力量

激励他人是触动对方心灵并激发其行动的最有效措施，人们不停地用激励的方法影响他人做各种各样的事情，公司中的领导管理下属、下属影响领导，家庭中的夫妻相处、孩子教育，谈判桌上的斗智斗勇……

艾森豪威尔说：激励是使别人积极主动地做你希望他们做的事的艺术。

（2）负面激励的正面效应

负面的激励并不意味着会得到"负面"的结果，实际上世界上最好的销售员起码有一半是被负面因素激励成长起来的——要是他们没有完成计划会怎样，而不是如果完成了计划他们会得到怎样的奖励。"负面"的激励并不全是负面的，实际上，有时它是积极的，它也能激励人。

5. 比较优势：做事情要善于发挥自身优势

比较优势是指一个生产者以低于另一个生产者的机会成本生产一种物品的行为。在深入介绍什么是比较优势之前，我们先来看一个案例。

案例6

在一个团队中，甲、乙两个人既能做财务工作又能做推销工作。一个小时里，甲能处理10份报表或者约定4位客户面谈，而乙能处理6份报表或者约定1位客户面谈。如果你是公司的总经理，你应该如何给这两个人分配工作呢？

根据机会成本的原理，我们做每一个选择时都要考虑机会

成本。对于预约一位客户来说，甲的机会成本是10/4份报表，而乙的机会成本则是6/1份报表；对于处理一份报表来说，甲的机会成本是4/10位客户，而乙的机会成本则是1/6位客户。

显然，推销工作中，甲的机会成本比乙的低，而在财务工作中，乙的机会成本要比甲的低。前面我们说过，决策时要尽量降低机会成本，因此，你能采取的最佳方案就是让甲去做销售，而把财务工作交给乙。

在案例中，尽管甲在推销工作和财务工作上都比乙具有绝对优势，但由于机会成本不同，原本处于劣势的乙相对于甲在财务工作上具有了比较优势，而分工方式就在比较优势上建立起来了，这是身为总经理的你选出最优组合的重要考量方式。为什么这么说呢？这是因为甲的时间、精力是有限的，尽管甲什么都比乙行，但甲不能什么都自己做。如果他选择什么都自己做，那他得到的收益会少于和乙合作所得的份额。事实上，在这种根据比较优势而确立的分工模式下，团队的利益会最大化。这告诉我们：专心致力于拥有比较优势的工作，可以提高整体的经济效率。

现在我们来总结一下什么是比较优势：在经济学上，比较优势主要是用来衡量两个生产者在做同样劳动时的机会成本。生产同一种物品，机会成本较少的生产者具有比较优势，除非两个人有相同的机会成本，否则一个人就会在一种物品上有比较优势，而另一个人将在另一种物品上有比较优势。

机会成本不同必然存在比较优势，那么要使个人的情况变得更好，我们可以通过交换各自发挥优势生产的物品，从而以低于自己生产时的机会成本得到另一种物品，这也是人类发展过程中分工和贸易出现的重要原因。

每个人都知道，如果在购买一件物品时所付出的代价比自己独自生产时的费用小，就不独自生产。例如：裁缝不会自己制作他自己的鞋子，而向鞋匠购买；鞋匠不会制作他自己的衣服，而雇裁缝制作。他们都知道，为了他们自身的利益，应当把他们的全部精力集中使用到比别人更有优势的方面，而以劳动所得的一部分，换取他们所需要的其他物品。

比较优势是经济活动中的一种相对优势。正如著名经济学家大卫·李嘉图所说："是的，我啥都比你强，你啥都不如我，但这没有关系，我们还是存在专业化生产的可能。这就是按照各自的比较优势，'两优择其重，两劣择其轻'，进行专业化生产，这可以使总产量增加，产品和服务极大丰富，大家得益。"从这段话不难看出，对于个人来说，无论是谁都会有自己的"比较优势"。即使你所有工作都不如别人，只要能够找到自己的"比较优势"，并认真去做，就一定能找到自己的位置。

具体可以从以下两个方面做。

（1）发现优势，发挥优势，成就自己

人都会有自己在某方面占优势的地方，只要用脑用心，就一定能找到自己的优势。对其加以扩展，在优势方面正向积累你的资源，进一步形成强势，强者越强，形成你区别于其他人的特点，让你自己凸显出来。

（2）亮出优势，持续专注

看清自己的优势与劣势，把握优势，发挥它的效力；对于劣势，正视它的存在，以优补劣。专注于发挥自己的优势，只有这样，才能选择最佳的人生航线，最大限度地实现自己的人生价值。

6. 理性人：以最小代价获得最大的利益

理性人是经济学中的一个重要概念，是指每个人都力图以自己的最小经济代价去获得自己的最大经济利益，这一假设是对从事经济活动的所有人的基本特征的一般性假设。换句话说，就是社会上的每一个人都是以自身利益为出发点，而不会考虑其他人或者团体的利益，去进行经济活动。

乍看这个概念，觉得人实在是自私自利，与我们传统道德观念相差甚远。如果社会上每个人都如此自私的话，那这不就是一个冷漠无情、充满钩心斗角的社会？但有了更深一步的认识之后才发现，理性人的自私并不是我们传统意义上理解的自私，而是出于人的一种本能，一种生存的欲望。

在经济学历史上，这一概念曾饱受争议，获得2002年诺贝尔经济学奖的卡尼曼和史密斯通过长达30年的实验证明，现实社会中，人不可能是理性的。同时，不少经济学家认为理性人会破坏人与人之间的人际关系，会破坏一个组织的内部结构，会对社会造成极为深刻的负面影响，甚至有人将此上升到影响国家稳定的层面上。这种理解是片面的，对理性人的理解，要结合当时的社会因素、人的心理因素等。理性人假设最早源自英国古典主义经济学家亚当·斯密，他在自己的著作《道德情操论》中，早已告诫过人们美德与社会和谐的重要性，认为一切经济现象都源于人类利己主义的本性，即每个人都会为了自己的最大化利益而做出"理性"的选择。

例如，在大城市中有这么一群特殊的人——"蚁族"，反映的是大学毕业生或打工人，宁愿吃差点，住差点，忍受拥挤的交通、工作的压力等，也要留在大城市中的一种现象。从经济学角度来看，"蚁族"就是理性人，是一部分人为了获得更好的就业、教育、消费、心理收益等非经济利益，主动选择留在大城市的现象。而且"蚁族"自认为，这是获取这些经济或非经济利益，付出的最小代价。起码可以通过自己的学识、智慧、能力去拼搏，但如果换一种方式，无论付出多少可能永远无法实现这一目标。

每个人都有选择自己的生存状态的权利，"蚁族"作为一种特殊群体，是社会经济发展的产物。难道能说他们的存在是不合理的吗？显然不能，这就是理性人假设存在的合理性。关于理性人，可以从下面三个方面去理解。

（1）理性人追求的利益中不只是金钱

理性人追求的个人利益并不只是金钱，除此之外，还当包含情感、道德、名望等。比如，当一个人面临金钱和亲情的选择时，他选择了后者，而非单纯地追求金钱，因为在他看来选择后者所带来的收益要大于选择前者。

（2）理性人在经济学上指普通的正常人

理性人获得信息后进行判断并最终做出理性的选择，并非要求其拥有超乎一般人的智力水平，或是精于算计。在经济学上，理性人首先是一个普通的正常人，在此范围内，理性与否与其智力水平无关。理性人假设只是经济学家方便推导经济学定律、模拟理想环境中人们所做选择时做出的假设。

（3）理性人并不都损害他人利益

在一定程度上，我们可以说理性人是"自利"的，但在追求个人利益最大化的过程中，理性人并不一定要损人利己，也可以"双赢""合作共赢"，在很多情况下，互利互惠更有利于理性人达到利己的目的。

总而言之，理性人是经济学的第一大假设，是经济学的基础。通过上述分析，想成为理性人需要做到以下四点。

（1）充分获取信息

不管是内部信息，还是外部信息，都应充分搜集和获取，在现代社会，信息不对称往往就是利益差的来源。对于个人而言，一旦比对方获取更多信息，则更容易形成自身优势。对于企业而言，获得更多信息，则更易构建优势壁垒，以防竞争对手掠夺资源。总之，获取更充分的信息是利益最大化的开始。

（2）合理分析信息

由于信息类别不同，例如文字、数据、声频、视频等，在获得充分信息后，必须对信息进行分析、整理和汇总，提炼出有用信息或有潜在价值的信息线索。

（3）理性做出选择

在上述步骤完成后，我们手上已经拥有了做出初步判断的信息池，这时可以通过个人独立判断、小组讨论、头脑风暴等形式尽可能理性地做出选择。

（4）持续修正偏差

在实际生活中，上述选择只能被称为有限理性选择，而非完全理性选择，因为每个人或企业在上述三个步骤中都会出现行为偏差，如：收集信息不够充分、分析信息不够到位。因此，在首次做出选择后，我们必须继续重复上述三步骤，持续修正偏差，不断向最优选择靠拢。

7. 信用：反映着"借"和"贷"的关系

信用在现代商业社会中发挥着重要作用。《新帕格雷夫经济大辞典》对信用的解释是：提供信贷意味着把对某物，如一笔钱的财产权给以让渡，以交换在将来的某一特定时刻对另外的物品，如另外一部分钱的所有权。

在经济学上，信用是指"借"和"贷"的关系，指在一段限定的时间内获得一笔钱的预期。信用可以分为三种类型：C-C信用、B-B信用、B-C信用。下面我们就来一一举例讲解。

（1）C-C信用

个人与个人之间基于互信而产生的货币借贷、商品赊销等交易关系或生产关系，被称为个人与个人之间的信用，也称之为C-C信用。在我们实际生活中经常碰到这种类型的信用关系，下面举例说明。

案例7

A借给B一笔钱，或是给B赊销一批货物，B就相当于从A处获得了一个"有期限"的信用额度，而这个信用额度实际上是基于A对B的信任。个人A与个人B之间的信用就是C-C信用。

（2）B-B信用

如果上述A和B不是个人，而是两家公司，则此时A与B之间的信用被称为商业信用，也称之为交易信用或是B-B信用，主要是指企业与企业之间的非现金交易，也就是人们通常说的赊销。下面是实际生活中经常会遇到的企业信用情况。

案例8

A建筑公司从B开发商处接到一幢大厦的建筑承包工程，双方签订劳务施工合同，约定当工程完工后立即支付工程款的

60%，桩基验收合格后3个月内支付工程款的30%，剩余工程款的10%待主体工程完工后付清。A建筑公司基于对开发商B的信任签订了合同，并开始建设工程。A建筑公司和B开发商之间的信用就是B-B信用。

（3）B-C信用

如果上述信用双方A和B分别换成企业和个人，则此时A与B之间的信用被称为企业与个人之间的信用，也称之为B-C信用。这种信用关系在现代生活中比比皆是，下面举个例子来说明。

案例9

A准备在C市购入商品房一套，总额为200万元，因为个人流动资金仅有60万元，暂不够全款支付。A在B银行申请个人住房按揭贷款140万元，三年期，贷款利率4.75%，以该商品房为抵押。最后，A成功购入该商品房。A与B银行之间的信用关系就是B-C信用。更加常见的还有，个人办理银行信用卡进行消费，手机运营商允许用户在话费归零后透支一定额度。A个人和B企业之间的信用就是B-C信用。

在现代社会中，信用既有积极作用，也有消极作用，具体如下。

（1）积极作用

其一，信用可以促进社会资金的合理利用，通过借贷关系，资金可以流向收益率更高的项目，帮助优质项目获得融资，也促使投资方获得收益。

其二，信用可以优化社会资源配置，通过信用调剂，资源可以及时转移到需要这些资源的地方，促进资源得到最大限度利用。

其三，信用可以推动社会经济增长，信用可以促使个人消费资金转化为生产资金，由消费领域流入生产领域，从而扩大社会投资规模，增加就业机会和社会产出。同时，信用可以创造和扩大个人消费，通过消费增长反过来促进生产端扩大，最终促进社会经济增长。

（2）消极作用

其一，信用活动始终存在无法完全消除的信用风险，人们只能控制与降低，而信用的过度使用会刺激个人投机活动，一旦到期债务无法偿还，则会引发个人财务危机。

其二，上述个人财务危机持续在集体中频发，最终会导致一国信用危机的发生，严重者会加剧经济的不稳定，诱发经济危机。

案例10

2007年，美国发生的"次贷危机"就是这样的一个例子。次级贷款指的是发放给信用较差、没有收入证明与还款能力，或是其他负债较重的客户的个人的住房按揭贷款。相较于发放给其他信用良好客户的最优利率贷款，次级贷款的利率较高。为了资金尽早回笼，贷款机构将这些次级贷款打包，以其为基础资产发放债券。因为风险与收益成正比，相比其他债券，这些次贷债券的利率也相应较高，获得不少投资银行、对冲基金的青睐。但这些都是建立在当年美国高房价的托底下，投资者完全不担心贷款的回笼问题，因为如果一旦底层贷款者无法还清贷款，机构可以把抵押的房子收回并卖出。

好景不长，2006年伊始，美国楼市房价暴跌，贷款者难以将房屋出售或通过抵押获得融资，而放贷机构的资金也因为房价暴跌，收不回来，以此基础发行的债券利率也随即暴跌，投资了这些债券的机构亏损严重，相继破产。最终，这场次贷危机在2007年8月席卷全美，抵押贷款机构破产、投资基金关闭，并引发美国经济危机，导致股市剧烈震荡，波及欧盟、日本等世界主要金融市场。

通过上述分析，我们得出结论，无论是个人还是企业，都需要合理使用信用工具。

（1）诚实守信，一诺千金

在当前时代背景下，信用已经渗透到人们生活社交的各种场景中。信用高的人，贷款买房买车时限制条件更少，有时出国旅游办理签证甚至不再需要办理存款证明，个人在社会中拥有很多便利。信用好的企业，更易得到财政扶持、融资贷款。

自党的十八大以来，我国社会信用体系建设的步伐明显加快，信用这把尺子，越来越受到广泛关注，已经成为评判个人和企业发展的基本准则。

不论个人还是企业，要想立足社会，必须做到诚实守信、一诺千金。

（2）适度用信，防止失信

根据最高人民法院审判委员会第1707次会议通过的《最高人民法院关于修改〈最高人民法院关于公布失信被执行人名单信息的若干规定〉的决定》，将欠人钱财有能力还款却拒不还款的债务人列为失信被执行人，将按照规定对其采取禁止部分高消费行为，包括禁止乘坐飞机、列车软卧，限制在金融机构贷款或办理信用卡，不得担任企业的法定代表人、董事、监事、高级管理人员等措施。

因此，对于个人而言，应谨慎办理信用产品，如个人住房贷款、个人汽车消费贷款、信用卡等，按时足额还款；对于企业而言，应谨慎办理流动资金贷款等企业用信产品，按时足额还款，及时支付工程款项等应付账款，防止失信情况发生。

8. 通货膨胀：货币增加，物价上涨

通货膨胀（即通胀）指的是能够造成一国货币贬值的该国国内主要商品的物价持续的、普遍的、不可逆的上涨。引起一国通货膨胀的原因有很多，但不管具体原因是什么，货币供应量的过量是引发通货膨胀的直接原因。用通俗易懂的方式来解释就是：钱不值钱

了。美国著名经济学家、诺贝尔经济学奖得主米尔顿·弗里德曼曾举过这样一个例子来描述通货膨胀对人们生活的影响。

案例11

　　一个国家想修建一条铁路，但苦于资金紧缺，官员们商量后，决定通过印发钞票来支付工人的工资。几个月后，铁路修建完工，筑路工人按照合同领取工资。这使得工人的家庭收入增加，同时负责制造铁轨、枕木等材料的生产企业的销售收入增加，铁路沿线的酒店、餐饮业等也因为交通便利而繁荣起来。随着市场红火，商品不愁卖，商人们开始集体提价，人们这才发现收入的增加是虚假的，因为手里的钱能买到的东西变少了，通货膨胀随之产生。

关于通货膨胀，还需要明白四个要点。

（1）通货膨胀不是某一种或几种产品价格上涨

如果今天你在超市看到某品牌鞋子涨价了，或是去菜市场发现肉制品集体涨价，这是发生了通货膨胀吗？错，某一种产品或是几种产品物价上涨并不代表这个国家发生了通货膨胀，必须要市场上产品发生了普遍性物价上涨才行。

（2）通货膨胀不是偶然的物价上涨

2020年初，新冠肺炎疫情席卷全球，这一突发事件造成口罩、酒精等物资大幅涨价，但随着我国医务人员奔赴疫区，疫情有所缓解，这些医疗物资价格逐渐回落至正常水平。但这样因为突发事件或偶然因素造成的物价上涨并不能看作通货膨胀。

（3）通货膨胀应该通过全年物价水平的总体波动来看

如果某一年夏天市场上所有产品发生了普遍性物价上涨，但到了冬天市场物价又普遍下跌，从全年来看，这种上涨与下跌的波动最终相互抵消，市场全年物价水平维持在一种持平状态，这样的情况并不代表通货膨胀的发生。

（4）物价上涨率达到一定水平才能代表通货膨胀发生

这里需要明确一个概念：通货膨胀率指的是一般物价总水平在一定时期内（通常为一年）内的增长比率，它反映出通货膨胀的严重程度。比如，某国家某一年度末全年市场平均物价较上年度增长0.5%，这样微小的物价上涨幅度并不代表通货膨胀的发生。

根据一国全年物价总水平的整体增速，通货膨胀可以分为以下五类。

（1）爬行的通货膨胀

如果增速大于1%且小于等于3%，则被称作爬行的通货膨胀，代表正常的物价上升，通常对人民的生活并不会带来不利影响，反而还被当作国家经济正增长的指标。

（2）温和的通货膨胀

如果增速大于3%且小于等于6%，则被称作温和的通货膨胀，这样的通货膨胀通常也不会对社会经济生活造成重大影响。一些经

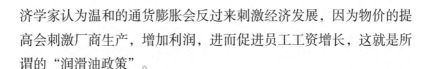

济学家认为温和的通货膨胀会反过来刺激经济发展，因为物价的提高会刺激厂商生产，增加利润，进而促进员工工资增长，这就是所谓的"润滑油政策"。

（3）严重的通货膨胀

如果增速大于6%且小于等于9%，则代表发生了严重的通货膨胀，一旦发生这种通货膨胀，可能会导致一国的经济生活走向崩溃状态。

（4）飞奔的通货膨胀

如果增速大于9%且小于等于50%，则称作飞奔的通货膨胀或是奔腾的通货膨胀，这种通货膨胀一旦出现，会导致一国出现严重的经济扭曲，使得货币迅速贬值，致使经济社会产生动荡。因此，这是一种比较危险的通货膨胀。

（5）恶性的通货膨胀

如果增速在50%以上，则称作恶性的通货膨胀。在这一通货膨胀情况下，一国货币会丧失价值贮藏职能与部分交换媒介的职能，意思是人们通常不会再进行储蓄，或是用现金购物，人民对国家信用产生担忧，严重的会导致该国在国际上信用下降，发生债务危机或金融危机，是一种极度危险的通货膨胀。

只要一国经济发展，通货膨胀就会成为未来有可能会遇到的问题。那么作为普通人应该怎样应对呢？

（1）合理消费，减少不必要的支出

全球知名理财大师、畅销书作家大卫·巴赫曾提出的著名的

"拿铁因子"的故事：一对夫妻每天早上外出时必须要喝一杯咖啡，但他们算了一下账后却吓了一跳，看似金额很小的花费，30年累积算下来花钱竟达到了数十万元。现实生活中这样的"拿铁因子"无处不在，比如跨行取款的2元手续费，为了参加"0元试吃"而支付的9.9元邮费，而这些被浪费掉的钱财聚集起来可能使他们的财富更上一层。学会给生活做减法，才能让消费回归理性。

（2）合理投资，增加家庭财富

除了节约支出外，增加收入来源也是家庭应对通货膨胀的方式之一。有人曾打趣说：你可以跑不过运动员，但你必须跑过CPI（消费者物价指数）。那么，怎么样才能"跑"过CPI呢？第一步，保持稳定的收入来源，比如工资、稿酬等。第二步，在有稳定收入来源的基础上，做好理财规划，比如合理投资银行理财产品、黄金、外汇，甚至是股票、基金等。

其中，以下三类资产是较好的抗通胀资产：股票、偏股型基金等权益类资产；房地产、黄金等商品类资产；分红型保险、万能险等保险类资产。如果通货膨胀率一直攀升，应该增加持有的随通货膨胀而增值的资产占比。

但无论选择投资哪种产品，我们都必须在充分了解的前提下进行投资，应向专业人士咨询，切忌盲目投资，以免带来较大的风险。

9. 通货紧缩：是什么在阻碍经济的复兴

与通货膨胀的含义恰好相反，通货紧缩（即通缩）指的是因市

场上流通的纸币量少于商品流通中所需要的货币数量而引起的货币
升值、物价普遍且持续的下降。诺贝尔经济学奖得主保罗·萨缪尔
森曾总结：价格和成本正在普遍下降即是通货紧缩。也有经济学学
者认为当消费者物价指数（CPI，Consumer Price Index）连续两个
季度下跌，就表示已经出现通货紧缩。用通俗的话说，通货紧缩就
是市场上的人力、粮食、能源、货币等资源统统处于供给大于需求
的状况，且价格持续下跌。

　　在上一节中，我们知道了过度的通货膨胀将对一国的经济民生
造成损害，那么与之相对的通货紧缩是否就对国家和人民有利？

案例12

　　20世纪90年代末，日本曾进入过持续性的通货紧缩阶段，
其部分原因在于资产价格尤其是土地和股票价格的急剧下跌以
及长期的经济衰退。2003年，为了刺激经济，鼓励人民增加消
费、减少储蓄，日本银行将一年期银行存款的年化收益率降低
至惊人的0.032%。

　　理论上，如果利率下降，人民的储蓄意愿就会降低，但事
实真的如此吗？因为价格总水平下降得过快，货币的实际利率
（等于名义利率除以物价总水平）高得惊人，人们的消费与投
资意愿不升反降。打个比方，原本一个鸡蛋1元，现在降到5
角，那么原本只能买一个鸡蛋的1元钱现在就可以买到2个鸡
蛋，而且随着鸡蛋价格的快速下降，同样面值的货币可以购买
到的鸡蛋数量会快速上升。人们就算不把钱存在银行，也不会
愿意立即消费，因为可以预计到未来能够买的商品数量会持续

增加。这样严重的通货紧缩使得日本银行的货币政策近乎失效，日本经济一落千丈。

从上述案例，我们可以知道，通货紧缩会影响经济发展，在实际中，通货紧缩率也被当作判断一国经济兴衰的指标之一。通货紧缩对一国经济的影响可以从以下三个方面来阐述。

（1）通货紧缩致使生产者利润减少

通货紧缩最显著的表象就是物价持续下跌，其最直接的影响就是生产者的销售额减少，致使利润下降，甚至亏损，最终导致生产者缩减生产规模，打击生产者生产产品的积极性。如果一国不通过财政政策、货币政策等调节市场，严重者会导致生产者放弃生产。

（2）通货紧缩致使产业链景气度下降

如果某个行业的生产者集体爆发减产，甚至是停产，那么这一行业所处产业链上下游势必受到打击，进而影响到整个产业链的景气度。如果多条产业链普遍发生该种现象，严重者会造成国家经济整体下滑。

（3）通货紧缩致使居民收入减少

企业利润亏损，则会导致员工工资降低，停产的企业甚至会裁员，导致居民整体收入下降，使得社会总需求下降，反过来进一步促使存货滞销，供需关系恶化，最终使得一国经济陷入需求下降与供给萎缩的恶性循环中。

从上述分析不难看出，通货紧缩对一国经济复兴的负面影响是巨大的。1997年以来，相比通货膨胀，通货紧缩已经成为令世界各国都头疼的经济顽症，其杀伤力不言而喻。

按照经济周期理论，任何一个国家的经济都会沿着"繁荣、衰退、萧条、复苏"的过程循环往复，作周期变化。因此，我们难免会遇到通货紧缩现象（经济衰退与萧条期间）。那么，我们应该如何应对呢？

（1）增加抗通缩资产，保持资产稳定

当市场出现明显的通货紧缩信号时，家庭可以增加以下三类抗通缩资产。

现金。在通货紧缩阶段，物价下跌，货币的购买力上升，持有现金是应对通货紧缩的最直接选择，且持有现金本身就具有最大的灵活性。

黄金。黄金不但是应对通货紧缩的优质资产，也可以反过来抵御通货膨胀，因为它内在价值相较其他资产而言更为稳定。

债券。在通货紧缩时期，长期政府债券往往会表现良好，特别是固定收益的国债，是防御通货紧缩的有力武器，因为其收益率是锁定的。

（2）减少随通货紧缩而贬值的资产，减少资产损失

随通货紧缩而贬值的资产主要包括以下两类。

股票。通货紧缩对于股票有短期刺激效果，但在长期通货紧缩的预期下，股市下行的概率会非常大。

房地产。房产价格会随着通货紧缩而下跌，特别是商业地产与住宅地产，以及相关房地产信托基金等。

10. 看不见的手：它在默默调控市场经济活动

西方经济学中有一个最基本的假设，就是"理性人假设"，又称"经济人假设"，指的是在市场上，每一个从事经济活动的人都是利己的，他们所采取的经济行为都为了以自己最小的经济代价去获得最大的经济利益，否则，他们就是非理性的。

在这样的前提假设下，你就能看到在市场上，消费者会基于效用最大化原则进行购买决策，生产者则依据利润最大化的原则进行销售决策。就这样，市场就在供给和需求之间，根据价格的自然变动，引导资源向着最有效率的方面配置。这时的市场就像一只"看不见的手"，在价格机制、供求机制和竞争机制的相互作用下，在冥冥之中推动着每一个人的经济活动。

让我们一起来看下面一个例子，以便更好地理解这只"看不见的手"。

案例13

某年，老王因为手头上有点闲钱，想做点小生意，但不知道该投资什么行业好。有一天晚上，老王在家看电视时，发现有些地方非常流行买玉石。经过多番了解，老王得知当时本地市场上做玉石生意的非常少。于是，他在家附近的商圈里开了一家玉石店，生意异常红火，赚了不少钱。

几年后，老王的朋友发现他的玉石店生意这么好，非常羡慕，于是琢磨着自己也开一家，经过筹备，也开业了。渐渐地，越来越多人看到商机，也加入开玉石店的行列。玉石成了当地的带头行业，老王作为行业带头人还受到政府领导的表彰。短短一年里，几乎所有做玉石生意的人都获得了可观的收益。

但好景不长，数月后，随着当地玉石店数量激增，当地的玉石市场逐渐饱和，小镇里几乎所有人都买过玉石，连老王刚上高中的女儿也收到了别人送的玉石礼物。玉石价格因此一降再降，生意逐渐惨淡，很多店铺都关了门，人们纷纷投奔其他行业去了。老王的玉石店也被迫停业，并且还额外亏了一笔钱。

从上面的故事，我们可以直观地看到市场是如何分别引导消费者与生产者的经济活动的。在老王刚开玉石店的时候，市场上玉石店很少，而面对新鲜的玉石玩意，消费者也更愿意尝试购买，市场广阔，供不应求，因此价格上升。随着人们纷纷开玉石店，市场上的玉石越来越多，而愿意购买玉石的消费者也已经买得差不多了，供过于求，因此价格下跌，导致店铺倒闭。最后，因为看到玉石生意没什么利润可图，大家也都不再做这一行，另谋他路去了。这一系列消费者与生产者的选择虽然都是他们自发进行的，但其实都在冥冥中遵循了市场运作的基本规律，那就是"看不见的手"。

作为市场经济的一员，我们该如何合理利用这只"看不见的手"呢？

（1）消费者应理性选择，避免从众心理

曾经有一个有趣的故事，说的是一个晴朗的夜晚，许多人站在站台上等火车。这时，一个人仰着脖子，晃动着脑袋，往天上看，一旁的其他人也好奇地抬起头，以为他看到了什么不得了的东西。一时间，站台上几乎所有人都抬头仰望天空。

其实，这位先生只是脖颈酸痛，在做放松活动，没有看天空，而那些跟着抬头的人只是看到大家都抬头了，所以模仿别人做出相同的动作罢了，这就是典型的"从众效应"。

在金融市场上，这种从众就表现为，当某一支股票受到追捧，就会有更多的人想要买进，导致它越来越抢手；在投资界就表现为，如果发现有利可图的机会，大家就会一窝蜂冲进去，都希望在这里掘一桶金。可是这种盲目的群体行为可能导致市场恶化，带来不可想象的灾难后果。

消费者应该克制内心不理性的一面，比如冲动、愤怒时不要轻易做出决定，任何决策都应该基于理智。

（2）生产者应理性决策，合理进行经营管理活动

作为生产者，在企业管理中，应该将管理工作重点放在提高生产效率与完成生产任务上，而对于管理下属不应过多掺杂个人感情与情绪。简单地说，就是重视完成任务，而较少考虑人的情感、需要、动机、人际交往等因素。从这种观点来看，管理就是计划、组织、经营、指导、监督。这种管理方式叫作任务管理。管理工作只

是少数人的事，与广大工人群众无关，工人的主要任务是听从管理者的指挥。在奖励制度方面，主要是用金钱来刺激工人的生产积极性，同时对消极怠工者采用严厉的惩罚措施，即"胡萝卜加大棒"的政策。

经济学的理性人假设可以说涉及工作、生活、人际关系等方方面面。如果能做一个理性的人，在人生之路上往往可以少犯错误，也会在成功的路上越走越远。

11. 商品：还有什么不能用于买卖

在经济学中，商品指的是用于交换的劳动产品，我们吃的粮食、使用的手机、看的书都是商品。随着现代经济的发展，更多自然资源与非劳动产品也进入交换领域，也成了人们交易的对象，一起来看看这些有趣的商品吧。

案例14

有人在淘宝上售卖呼伦贝尔的空气，而且标价很贵，一瓶就要65元，你能相信吗？还真有此事，很多在城市工作的年轻人特别向往大自然，他们购买夹杂着草地芬芳的空气，想体验一下站在呼伦贝尔大草原上的感觉，这就是利用了人们的好奇心来创造商机。

世上最为奇特的商品，可能还要属丹麦格陵兰岛出口的冰山了。注意了，他们卖的可不是普通的冰，而是十万年前的冰，并打出口号"世界上最纯净，无污染，杂质少"，吸引了大批购买者。

日本商人非常会制造新奇又实用的小玩意，比如：鼻炎患者专用的超级柔软的纸巾，可以折叠与防水的纸质背包，带收集功能的指甲钳，可以自动打开的马桶等。这些商品看似功能有些怪异，却又实实在在能让我们在生活里方便不少。

所以，我们可以看出商品不只是之前所定义的"劳动产品"，现代经济学家在传统经济学的定义基础上对商品的定义进行了扩充，得出了更为广义的商品含义：商品是用于交换的使用价值。通俗点说，就是在交换过程中，实现使用价值的转移才叫商品，商品就是对人们有用的东西。

与商品对立的，就是自由物品，指的是那些无须花钱就可以得到的物品。水、空气、阳光曾经都是自然物品，后来随着时代发展部分自由物品也转变为商品，比如经过过滤的自来水、草原上搜集来售卖的新鲜空气。因为商人创造了人们的需求，这些自由物品被赋予了可供交换的使用价值，也就成了商品。

所以，还有什么物品不能用于买卖？精明的商人总能创造出新的需求，或挖掘潜在需求，引导人们去购买他们的商品。

关于商品，消费者和生产者可以如下做。

（1）避免冲动消费，遵从内心的理性需求

经济学家理查德·塞勒认为购买行为并非总是理性的：人的偏

好是动态不一致的，在任一时刻，都会给眼前的利益更高的权重，而对未来评价较低。

在实际生活中，人们往往会更看重眼下的需要，而忽视了长远的效用，容易造成冲动性消费。比如，因为色彩艳丽或受到导购员引导，冲动之下购买了一条裙子，但这种冲动消费带来的效用即从消费中所获得的满足是短暂的，这些效用也会消失得很快。一旦冲动退去，这个时候你再想退货或者转售，可能为时已晚，或者将要承担一定的损失。

（2）生产者应围绕消费者需要制造商品

阿里巴巴创始人马云曾经在演讲中讲道：我感谢这个变化的时代，我感谢无数人的抱怨，因为在别人抱怨的时候，才是你的机会，只有变化的时代，才是每一个人看清自己有什么、要什么、该放弃什么的时候。

商品就是消费与需求的结合体，生产者设计一件产品必须先想到能满足客户什么喜好、能解决客户什么问题。换个角度想，别人的抱怨可能就是一种需求，而需求总能催生出新的商品。生产者可以通过调研等方法，深入挖掘用户的本质需求，快速解决用户的问题，让商品满足客户的需求。

第 **2** 章

宏观经济学

每天学一点经济学，了解经济运行规律

对于宏观经济，很多人有这样的误解：它讲的是民生国策，与大众的日常生活距离太远。其实不然，宏观经济是指整个国民经济总体及其经济活动的总和，我们每个人的吃喝住行用都是在这个总指导下进行的。

12. 货币：国家经济的主框架

出国旅游，除了订飞机票、订酒店，最重要的事情莫过于兑换货币。货币是一个国家信用的象征，一个国家的货币体系构成了它经济的主框架。要说清楚货币与经济的关系，我们先来看一个案例。

案例1

纵观美国经济史就会发现，在二十世纪初期，其货币与经济的走势几乎完全正相关，通俗点说就是，流通货币越多，经济越火热。但是二十世纪六七十年代时，货币与经济的关系开始逐渐割裂，虽然它们的走势依然有正关联，但之间却出现了一个巨大的缺口。

在这期间，美国诞生了一个全新的经济学派——货币学派，其代表人物弗里德曼提出了一个非常著名的言论：一切通胀都是货币现象。这句话的意思就是，只要有钱就会涨价，只要货币超发就会产生通货膨胀，而通货膨胀就是"横"在货币与经济之间的那个缺口。

随着时间步入2000年，经济学家们又发现了新的变化，货币和经济之间的那个缺口开始变得不稳定，而且货币与经济的走势原本是正相关的，现在却变成了负相关。通过货币的增加或减少似乎已经不能预判经济的走势，货币指标开始变得失效。

从上述例子，我们可以很直观地看出货币与经济之间的关系，从曾经的"甜蜜"到后来的"分手"，你可能会问为什么会出现这样的现象？一个很重要的原因就是：货币本身也在发生变化。这就需要你来了解一下货币的诞生与发展历史。

本质上，货币是度量价格的工具、购买货物的媒介、保存财富的手段，是财产的所有者与市场关于交换权的契约，是所有者之间的约定。然而我们不得不承认，随着支付手段的变化，货币的形式在发生变化。

最早，经济学家们监测流通中的现金来统计一国的货币量，即M0；后来，发现M0与经济增长逐渐"脱钩"，就加入了企业活期存款，统称为M1来统计货币量；再后来，又加入了企业定期存款、居民储蓄存款等，统称为M2来统计货币量；最后，发现M2也不够了，在M2基础上继续加入金融债券、商业票据、大额可转让定期存单等，形成了一个更为广泛的货币指标M3来统计货币量。

为什么货币量的定义范围会越来越广？最重要的原因之一就是人民的生活水平在提高，以前只有口袋里的现金可以用来购物，而现在一些金融票据、股票、基金也可以随时用来支付，越来越多的资产变得更容易变现与流通。哪怕是通过银行贷款购买的房子，只要房价涨了，甚至银行会立刻打电话过来跟你说，要不要把增值的这一部分通过抵押贷款兑现出来消费。因此，一国统计货币量的口径将越来越广。

每一个家庭都应该随着经济发展决定财富配置方式，具体可以从以下三方面做起。

（1）分析家庭的收入来源

现代社会里，每个家庭除了一些固定的经济来源，比如工资，同时也会有一些其他方面的收入，比如现在很流行的自媒体等副业带来的收入。每一个家庭在做财富规划时，首先要合理分析自己家庭的收入来源，明确区分哪些收入是可持续、可靠的收入，哪些是不可持续的、偶尔的收入，从而分别进行理财规划。比如，每个月工资可以用于定投基金或还房贷，年终奖可以用来买长期理财。

（2）统计家庭的消费状况

家庭理财规划的第二步就是：统计一下家庭每个月要消费多少钱，消费类别是什么。不管你用什么方式，用本子或是现在流行的记账软件，最好记录一下每天的消费情况，包括：水电煤气费用、餐饮费、通信费、交通费、儿童教育费、老年人的赡养费等。只要坚持一个季度以上，你就能大致看出自己家庭的消费倾向与风格。

同时，记账也会让你在消费时更加谨慎，毕竟现在支付多通过刷二维码、刷脸、输密码等方式，你往往在消费时没有实感，感受不到金钱一笔一笔流出。消费后立刻记账的习惯可以帮助你降低消费冲动，减少不必要的消费。

（3）制订合适的理财目标

最后，一个家庭必须制订适合自己的理财目标，再基于此目标进行理财规划。一个合理的理财目标应该在你的家庭年消费与年收入基础上，本着"不过分降低生活水平，也不过于追求风险收益"的原则来进行制订。

有了理财目标，一个家庭才能以此为指导，进行理财规划，比如：追求短期收益的，可以更多地投入证券市场；追求稳健收益的可以投入银行理财；追求长期收益的，可以投资房产等。制订理财计划是一个家庭财商意识的体现，只有制订了自己的家庭理财计划，一个家庭才能拥有创造与积累财富的动力。

13. 宏观调控：看得见的手

市场上有一只"看不见的手"，和它相对应的还有一只"看得见的手"——政府的宏观调控。简单来说，就是指国家综合运用各种手段对国民经济进行的调节与控制，在尚是发展中国家的我国被使用较多。

案例2

2014年5月26日，中共中央政治局就使市场在资源配置中起决定性作用和更好发挥政府作用进行第十五次集体学习。习近平总书记在主持学习时强调，使市场在资源配置中起决定性作用、更好发挥政府作用，既是一个重大理论命题，又是一个重大实践命题。科学认识这一命题，准确把握其内涵，对全面深化改革、推动社会主义市场经济健康有序发展具有重大意义。在市场作用和政府作用的问题上，要讲辩证法、两点论，"看不见的手"和"看得见的手"都要用好，努力形成市场作用和政府作用有机统一、相互补充、相互协调、相互促进的格局，推动经济社会持续健康发展。

由此可见，政府宏观调控这只"看得见的手"在我们国家的地位有多重。我国宏观调控的手段主要包含以下三种方式。

（1）经济手段

经济手段指的是政府运用经济政策和计划，通过对经济利益的调整来影响和调节经济活动的措施，比如财政政策、货币政策，它们是国家在宏观调控中最常用的经济手段。同时，政府还可以通过制订和实施经济发展规划、计划等引导经济活动。

（2）法律手段

法律手段指的是政府通过制定和运用经济法规来调节经济活动的手段，比如，通过经济立法，规范经济活动参与者的行为，或是通过经济司法活动，保证各项经济政策的执行与经济合同的履行，打击经济违法犯罪行为。

（3）行政手段

行政手段指的是政府通过行政机构，采取带强制性的行政命令、指示、规定等措施，来调节和管理经济的手段。

总而言之，因为上述各式手段都会通过文件、新闻等向大众公布，因此被称为"看得见的手"。

我国政府宏观调控的主要目标是促进经济增长，增加就业，稳定物价，保持国际收支平衡。为了这四大目标，政府将在市场调节机制的基础上，配合使用这只"看得见的手"，其中经济手段与法律手段是最经常使用的工具。

企业史学家艾尔弗雷德·钱德勒曾指出：现代企业依靠的是看得

见的手配置资源，传统企业则依靠看不见的手配置资源。但其实在当今社会，不管是现代化企业，还是传统的企业，无论在企业内部，还是企业之间，运用行政计划配置资源与运用市场协调配置资源应相互配合使用，两者缺一不可，这样才能找到效果与效率的最优平衡点。

14. 财政赤字：国家也有入不敷出的时候

一个国家的财政收入通常来源于税收、国有资产收益、国债收入、社保基金收入等；而一国政府的财政支出则通常包括政府采购、财政补贴、转移性支出等。当一国政府的支出大于收入时，我们就称之为发生了财政赤字。

案例3

2020年初，在新冠肺炎疫情的冲击下，多国经济停摆，医疗支出剧增，但政府却纷纷选择扩大财政赤字、大借国债。很多人难以理解：为什么有的国家在负债累累的时候还要继续减税，主动创造财政赤字？

如果把政府比作一家公司，那就好理解了。假如政府现在有一个项目，预期回报率5%，需要200亿的前期投资，政府可以选择向社会各企业征税来得到这笔钱，也可以按2.6%的年利率向金融市场借款。这时，政府就想着，如自己借债融资，等于是把200亿留在那些企业手中，由企业扩大投资，只要企业投资回报率比企业所得税税率高，且每一年企业都可以持续将

> 盈利再投资，那么最后政府将换来价值极大的未来税收流，而且不管国家是否存在较高财政赤字。通俗点说，如果你的朋友很会赚钱，而你向银行、朋友或是亲戚借钱的利率又很低，那你当然可以向他们借来钱之后，再把钱给你的朋友，让你朋友去赚钱，然后分享其中的利差。

在实际生活中，政府也会经常这样充当"资金的搬运工"，只要发现某一民间投资项目回报率高于其融资成本，一国政府就会通过征税或是发行政府债券的方式，以极低的成本向社会融资，再将资金流转到这些高额利率的项目中去。

随着经济回升，社会项目投资回报率普遍增加，政府对外支出的资金会逐渐大于政府收入，财政赤字随之而来。实际上，财政赤字不是一种现象，而是几乎全世界国家的政府都会采取的一种财政手段，它对社会发展也具有两面性。

（1）积极作用

显然，财政赤字可以在社会的闲散资源并未充分利用时，有效动员社会资源，扩大社会总需求，促进相关产业发展，拉动经济回升，从而实现国家经济发展、社会稳定等目标，这也是宏观调控这只"看得见的手"经常会采用的调节经济的一大手段。

（2）消极作用

财政赤字不是包治百病的药，实行扩张性政策有可能只是暂时减轻了当前的过剩产能，但在未来会进一步加重生产过剩。因此，长期财政赤字政策的使用可能会酝酿出更猛烈的经济危机。

此外，财政赤字政策还可能诱发通货膨胀。从某个角度上说，财政赤字与价格水平的膨胀性上升有着密不可分的关系。原因显而易见，财政赤字会使社会上货币需求总量增加，而现存的商品和劳务的供给量却没有以相同的比例增加，这就必然引起价格水平提高，催生出通货膨胀。

在新冠肺炎疫情冲击全球后，2021年，我国将宏观经济政策的基本落脚点集中在三个方面：一是应对"我国经济恢复基础尚不牢固"的风险，采取针对性措施，稳固经济恢复的基础；二是宏观政策要"保持对经济恢复的必要支持力度"，政策既不能收得过快、过紧，也不能超过2020年的政策力度；三是"提高风险预见预判能力"，统筹好发展和安全的关系，确保宏观调控政策的连续性、稳定性和可持续性。

基于2021年宏观政策的主要目标，我国2021年的财政税收政策按照扩内需、常态化、去杠杆、增收益等四个政策取向进行归类整理，并按照系统管理的要求，形成合力。

15. 失业率：还有多少人没有工作

乍听起来，失业率就是指一个国家里没上班的人占总人数的比例，而实际没这么简单。一起来看下面的例子。

案例4

① 小李，未满16周岁，一直在上职高，老师让他趁假期去找单位实习，但他一直懒得去投简历，天天在家打游戏。

② 老王，33周岁，本来在工地上班，但某天遇到车祸，落下残疾，医生说他不能再工作了，于是一直在家静养。

③ 老袁，70周岁，本来被医院返聘，但儿女劝他回家颐养天年，于是他辞掉了工作。

④ 小张，40周岁，原本是程序员，但因为工作失误，被老板辞退，现在一直没找到工作，十分灰心丧气，已经放弃找工作一个月，在家里"啃老"。

你觉得上面四个人谁属于失业人群？答案是：他们都不属于。在经济学定义中，一个达到就业年龄（美国为16周岁，中国为18周岁），愿意并有能力为了报酬而工作，但尚未找到工作的人属于失业人群。值得注意的是，没工作且在此前4个星期中不曾试图找工作的人，不归属于失业人群。

从上面的定义我们不难发现，定义一个国家的失业人群数量其实是异常困难的，因为确定谁愿意工作，却没有找到工作，需要耗费大量人力物力。

按照失业原因，失业可以分为以下四种类型。

（1）摩擦性失业

摩擦性失业指的是人们在找工作或换工作过程中出现的暂时性

无业状态，这样情形下的失业率被称为自然失业率。

因为人们寻找适合的岗位总是需要时间，摩擦性失业难以避免。在实际劳动市场上，一个国家的失业率总是围绕自然失业率上下波动。

（2）结构性失业

结构性失业指的是劳动力市场结构（产业结构、产品、地区）发生变化，导致与现有劳动力市场供给不匹配，而造成的失业状况。

这种类型的失业往往需要通过技能再培训或是转移劳动力目标市场，才有可能缓解。

（3）季节性失业

季节性失业指的是由于某些行业生产条件或产品受到气候、社会风俗、购买习惯的影响，使生产方对劳动力的需求出现季节性的波动而导致的失业，在农业、建筑业、旅游业中比较常见。

（4）周期性失业

周期性失业指的是因为社会总需求不足而引发的短期性失业现象，通常是因为一国来到了经济周期的萧条阶段。因此，周期性失业是不可避免的。与其他类型的失业不同，周期性失业造成的失业人口众多且影响广泛，是一国经济发展中所遇到的最严峻的局面之一，需要很长一段时间才能恢复。

16. 经济周期：为什么经济会波动

有一句老话"三十年河东，三十年河西"，用来解释经济周期再合适不过。每个人的一生，每一个国家的发展，其实每时每刻都在随着经济周期波动。很多人可能觉得没有切身的感受，来看一个例子。

案例5

如果你是80后，问问你的父母，这辈子最后悔的事情是什么？可能他们会回答：没有在你小时候买房！在中国，房地产跌宕起伏的20年最能体现这种经济周期的波动。

① 1998～2001年：房地产起步阶段。

1998年，由于亚洲金融危机，我国被迫对国企、央企的低效率工作模式进行改革，然后借由房改的形式（福利分房改为商品房），来筹集部分发展与改革资金，借以渡过危机，由此开启房地产经济周期大幕。

② 2002～2007年：房地产温和发展阶段。

2001年，我国加入世界贸易组织（WTO，The World Trade Organization）后，开始凭借汇率与成本优势，通过"三来一补"的贸易方式，逐渐成为世界最大的组装工厂。因为制造业发展迅速，外资纷纷流入实体经济，人们真实地赚到了钱，市场上流通的货币逐渐增多，通货膨胀率温和地上行。这段时间里，房价也随之温和上涨。

③ 2008～2018年：房价暴涨的顶峰阶段。

2008年，由于美国次贷危机引发全球连锁式金融与经济危机。为了维持国家经济稳定，我国政府启动了4万亿金融投资，并推行金融宽松与地方银行的商业信贷配套，总共释放40万亿广义货币供应量（M2，包括了大多数可能成为现实购买力的货币形式，如企业存款、居民储蓄存款等）。这样强劲的救市方案让包括商业住宅、民用住宅在内的产能过剩项目迅速恢复。

在这时期，因为房地产抵押贷款的推行，房地产逐渐在居住功能之外，又增加了金融抵押贷款的属性，房价因此也开启了加速上涨模式。

④ 2019～2024年：房地产衰退阶段。

因为中美贸易战，中国的贸易顺差逐渐减少，通俗点说，就是从美国那边能挣到的美元不断减少，外汇储备也在迅速下降。而"人人皆有房贷"与生育率逐年下跌的局面造成房地产的购买力持续下降，能够买得起房的人可能已经买好了。加上我国对于"房产税"政策的制定、"房住不炒"的政策导向，在未来，房地产行业的衰退不可避免，新一轮的财富分配将重新拉开序幕。

从上面的案例，你可以很明显地感受到一个行业就像是一个人一样，总要经历出生、成长、成熟与凋零。在经济学上，我们称之为"经济周期"，即国民总产出、总收入与总就业等经济活动的扩张与紧缩呈现出的一种周期性的波动变化，通常被分为繁荣、衰退、萧条和复苏四个阶段。而影响一国经济周期波动的因素主要有两方面。

（1）短期因素

从短期来看，供求关系的变化是影响经济周期波动的主要因素，比如冬天农产品收成下降、工商业部门的库存调整等。

在经济复苏阶段，需求往往不足，此时需求因素起主导作用。因此收入敏感性强、需求弹性大的下游行业，尤其是可选消费品行业，往往会率先复苏。

随着经济走向繁荣，供给因素的影响就会逐渐大过需求因素，资金会流向供给弹性小、成本传导能力更强的中上游行业，尤其是能源原材料行业。

当经济由过热走向衰退时，低端必需消费品行业因其需求刚性，会表现出一定的抗周期能力，因而受到资金追捧。

上述行业板块景气轮动就带来了宏观经济的复苏、繁荣、衰退、萧条等不同阶段。

（2）长期因素

从长期来看，影响一国经济波动的因素就更为广泛。在发达国家，重大新技术的集聚性、新兴主导产业群的形成和产业投资浪潮出现是影响经济周期的长期因素。而在发展中国家，世界经济的创新周期、产业转移以及产业投资浪潮变迁是影响的主要因素。

应对经济周期所带来的波动，具体可从以下两个方面来做。

（1）建立自己的风险框架，提升家庭抗风险能力

很多拥有财富的人并不知道，他们的财富可能是这个时代赋予的，而一旦经济下行，家庭就会暴露在风险中。在未来，风险思维尤为重要，比如预先留存2～3倍家庭年消费资金作为应急资金，尽早实现收入多元化，资产性与劳动性收入并重，对公众消息持有辩证思维，从而形成自己的风险框架，提升家庭的抗风险能力。

（2）提升核心竞争力，保持一颗平常心

无论多大年龄，工作了多久，人都应定期重新梳理自己的核心竞争力。不要让自己的闲暇时间在玩手机等娱乐活动中度过，保持学习，持续提升你的核心竞争力，是对抗未来不确定性的黄金法则。同时，时刻保持平常心，不论你正在人生低谷还是巅峰，这些经历都是一种财富，适当降低对某件事的预期，也许反而是未来可持续发展的保障。

17. 财政政策：国家调控宏观经济的左右手

对于世界各国政府而言，财政政策和货币政策就是他们调节经济的"左膀右臂"，是稳定经济运行的主要政策工具。两者的调节目标、调控对象、运行机制各不相同，相互配合，共同维持着一国经济的稳定运行。

案例6

2020年新冠肺炎疫情席卷全球，对世界经济造成巨大的冲击，中国政府率先控制疫情，实现经济反弹式增长，这得益于我国政府财政政策与货币政策的快速反应。在复杂多变的国内外形势下，中央政府提出2020年的经济社会发展预期目标：城镇新增就业900万人以上，城镇调查失业率6%左右，城镇登记失业率5.5%左右，居民消费价格涨幅3.5%左右等，强调"稳就业、保民生"，同时配合稳健的货币政策与积极的财政政策。

① 积极的财政政策：由2019年的"加力提效"调整为2020年的"更加积极有为"，减轻疫情对民生和就业的影响；财政赤字由2019年的2.8%提升至3.6%以上，由2.76万亿元增加至3.76万亿元，并发行1万亿元抗疫特别国债；此外，继续保持增值税税率、企业养老保险费率下调政策、减税降费政策，全年为企业新增减负超过2.5万亿元。

② 稳健的货币政策：由"松紧适度"调整为"更加灵活适度"；提出综合运用降准降息、再贷款等手段，提升广义货币供应量M2与社会融资规模增速明显高于2019年；创新直达实体经济的货币政策工具，推动企业便利获得贷款，推动利率持续下行；强化对企业的金融支持，中小微企业贷款、普惠型小微企业贷款和其他困难企业贷款延期还本付息；鼓励银行敢贷、愿贷、能贷，大幅增加小微企业信用贷、首贷、无还本续贷，利用金融科技和大数据降低服务成本，提高服务精准性；大型商业银行普惠型小微企业贷款增速要高于40%。

从上面的案例不难看出，经济的平稳运行需要国家财政政策与货币政策这两只大手迅速做出反应，在经济过热时"按"下通货膨胀"高昂的头"，在经济萧条时"托"起GDP"低下的身"，最终使得社会总供给和社会总需求保持动态的基本平衡，使经济平稳运行。具体调整方式可以从以下两个方面来讲述。

（1）经济增长过热时，需要从紧的财政政策与货币政策

当市场物价飞速上涨、通货膨胀率上升时，政府需要采取紧缩的财政政策，如减少财政支出、增加税收；采取从紧的货币政策，如提高存贷款利率、再贴现率，从而抑制社会总需求过快增长，给经济"降温"。

（2）经济衰退冷却时，需要宽松的财政政策与货币政策

当经济增长滞缓，甚至衰退时，政府需要采取宽松的财政政策，如增加政府的经济建设支出、减少税赋；采取宽松的货币政策，如降低存贷款利率、再贴现率，从而刺激社会总需求增长，降低失业率，拉动经济增长。

从上面的描述，你可以很明显地发现财政政策与货币政策在诸多方面都有着明显差异。

（1）制定与实施主体不同

货币政策是由中央银行制定，要求各个银行或金融机构执行。财政政策则由财政部制定，由下属各个省、市、自治区的各大部门具体实施。

（2）施政对象不同

货币政策的施政对象是存贷款利率、再贴现率、存款准备金率等，间接作用于社会总产量。因此，货币政策通常从施行到生效需要一定时间，具有时滞性。

比如，2020年，为应对新冠肺炎疫情造成的经济打击，美联储继续维持货币量化宽松，在美联储实行零利率或近似零利率政策的同时，通过购买国债等中长期债券，增加基础货币供给，向市场注入大量流动性资金，帮助企业恢复经营。

财政政策的施政对象是政府采购、政府专项支出等，直接作用于社会总需求。因此，财政政策通常从实施到生效的时间间隔较短，具有见效快的特点。

面对不同的财政、货币政策时，可做如下应对。

（1）面对宽松的财政政策与货币政策，增加投资与拓展收入渠道

根据IS-LM（投资储蓄-货币供需）模型，当国家宣布实行宽松的财政政策，会导致IS（投资储蓄）曲线右移，而宽松的货币政策会导致LM（货币供需）曲线右移，最终导致国民总收入增加。此时，我们应该赶着时代的"东风"，趁势增加投资，尤其是短期的高收益率产品，使收入来源多元化。

（2）面对从紧的财政政策与货币政策时，增加储蓄与减少消费支出

当国家宣布实行从紧的财政政策，则会导致IS曲线左移，而从

紧的货币政策会导致LM曲线左移，最终导致国民总收入减少。此时，我们应该在收到信号后，尽快精简消费支出，增加长期储蓄与投资，尤其是长期的定期存款、固定收益类投资产品，以应对未来的收入不确定与利率降低的风险。

18. 中央银行：国家货币政策的制定者、执行者

中央银行是一国最高的货币金融管理机构，在本国金融体系中居于主导地位，负责宏观调控、保障金融安全与稳定、金融服务。因为职责的特殊性，中央银行也被人们称为：

①"发行的银行"，即负责一国货币的发行；

②"银行的银行"，即集中管理银行业金融机构存放的准备金，并管理这些机构；

③"最后贷款人"，即向银行体系提供流动性支持，以确保银行体系稳健经营，应对可能出现的危机或者市场流动性不足；

④"国家的银行"，即国家货币政策的制定者和执行者，也是政府干预经济的工具；同时为国家提供金融服务，代理国库，代理发行政府债券，为政府筹集资金；代表政府参加国际金融组织和各种国际金融活动。

看下面一个例子，你就知道中央银行在一个国家的地位有多高了。

案例7

美国金融界流传着这样的话："格林斯潘一开口，全球投资人都要竖起耳朵""格林斯潘打个喷嚏，全球投资人都要伤风"。

格林斯潘是谁？他怎么会有如此大的威力？金融从业人员肯定对格林斯潘不陌生，他就是美联储前任"掌门人"。美联储是美国中央银行联邦储备委员会的简称，从1913年至今，一直控制着美国的通货与信贷，有着"最后的借款人"的称号。

格林斯潘就是1987年美国前总统里根亲自任命的美联储主席，为美国白宫工作了整整18年，历经里根、布什、克林顿、小布什四位总统，是美国史上任期最长的美联储主席。而人们之所以说他"打个喷嚏，全球投资人都要伤风"，就是因为他手里长久以来握着重要的法宝：货币政策。

当美联储运用公开市场业务、银行借款贴现率和金融机构法定准备金比率三大杠杆调节经济时，格林斯潘就是那个"撬动"杠杆的人。

因为拥有制定货币政策的权力，中央银行处于各国金融体系中的主导地位，是一个国家最高的货币金融管理机构，而货币政策则是它调节国内经济与抵御外来风险的有力武器。

虽然国家、民族、市场各有不同，但在世界范围内，一国中央银行进行货币政策调控的工具都必然包含以下三种。

（1）存款准备金率

一国中央银行会设定一个最低存款准备金率，强制要求该国的商业银行必须向中央银行上缴符合规定比率的存款准备金，以保证客户日常提取存款和资金清算需要，一方面防止出现挤兑，另一方面把握住了商业银行向市场发放贷款的总量。

每年，中央银行会评估市场流动性与经济运行状况，通过调整存款准备金率，来影响商业银行上缴的存款保证金与超额准备金数额。因为商业银行每年也会根据当年度存款总额，来评估今年向市场发放贷款的总额度，中央银行就这样调节了市场的货币供应总量。下面来看这个例子，你就更加能懂得他们之间的关系。

案例8

某年，央行（中国人民银行）规定法定存款准备金率为7%，这就意味着金融机构每从公众处吸收100万元存款，就需要向央行缴存7万元存款准备金，剩下93万元的存款用于今年发放贷款。次年，央行将法定存款准备金率提高至8%，那么金融机构每吸收100万元存款，则必须缴存8万元存款准备金，当年度仅剩92万元用于投放贷款，比去年足足下降1万元，市场流动性锐减。

从上面的案例可以看出，如果说市场就像一个蓄水池，货币则是在里面循环流动的水，那么央行调控的存款准备金率就像是水龙头一般，调控着这个蓄水池里的水流。

（2）公开市场业务

公开市场，指的是各种有价证券（国债、政策性金融债券等）在其中自由成交与议价，交易量与价格都必须对外公布的市场。中央银行会在公开市场上买进与卖出有价证券，以投放或回收基础货币供应量，这样的活动就被称为公开市场业务，是货币政策的重要工具之一。

案例9

2021年初，我国国债逆回购在投资圈火了，因为它的年化利率已经创下近两年的新高，其中1天期国债逆回购年化收益率最高曾达9.80%。这主要是因为新冠肺炎疫情席卷全球，对我国经济造成不小冲击，央行为了维持社会稳定，以较高利率向市场回购国债，来释放流动性。实际上，除了应对突发事件，央行通常会在月末、季度末或是节假日前夕，适当提升国债逆回购利率，以保证市场资金的充足。

（3）再贴现

要学习再贴现，首先要了解一下什么是贴现，下面来看这样一个案例。

案例10

某日，公司A向公司B购买一批货物，公司B通过银行承兑汇票支付货款。为了提前获得账款，公司A拿着该汇票向银行

C申请贴现，银行C将扣除贴现费用的剩余金额转至公司A账户。待票据到期时，银行C再拿着票据向公司B所在开户行D申请付款。

年末，银行C因为资金紧张，在该票据到期前，向中央银行申请再贴现，在审查无误后，央行扣除再贴现费用，将剩余票款支付给银行C。待票据到期时，央行再拿着票据向公司B所在开户行D申请付款。

从上述案例，我们可以看到，贴现是企业进行资金周转的有效手段，因为在现实企业经营活动中，通常不会以银行存款或现金来完成合同交易，票据是通常会被使用的支付工具。通过贴现，公司从银行处获得了融资支持，银行从中赚取到贴现费。

我们可以看出，再贴现是中央银行向商业银行提供融资的一种方式，即买进在中央银行开立账户的商业银行持有的已贴现但尚未到期的商业票据。

一国中央银行可以通过调控再贴现率的高低来放款或收缩向商业银行提供的融资额度，从而控制市场上流通的货币量。

19. 利率：政府干预经济的杠杆

纵观美国经济史，几乎每隔十年左右都会出现经济的衰退或者危机，但很巧合的是，在美国经济任意两次衰退之间也同时存在一个利率的周期，即随着经济衰退，利率会逐步往下走，而等到利率上升时，往往就会出现下一次的经济衰退。其实，不仅仅在美国，放眼全球，利率与经济周期之间都是强相关的，利率对经济的影响非常大。

案例11

　　在历史上，美国一开始没有美联储这样的中央银行，只有一些地方性商业银行。后来，美国经济会出现周期性衰退，政府官员束手无策，人民恐慌，后来为了扭转这样"群龙无首"的局面，设立了美联储。当经济衰退，居民不愿意消费，企业不愿意投资时，美联储就加速利率下跌，人们看到存款利率太低，预计经济恢复，物价还会上涨，不如此时拿出来换购商品；企业看到贷款利率这么低，不如趁机多向银行申请贷款，用于生产。就这样，居民开始愿意消费，企业也愿意贷款投资了。

　　实际上，没有美联储调节利率，经济也会随周期波动而恢复，只是美联储通过存贷款利率调节加速了这种恢复，提前推动经济走入下一个复苏周期。

　　从上面的案例可以看出，利率是一国中央银行用来"熨平"经济周期波动的工具。因为一个国家的经济需要持续增长，所以放眼全球，利率每一次上调都非常"艰难"，而利率下降却往往能快速完成。

　　在我国，中国人民银行（简称"央行"）通常采用的利率工具主要有以下四种。

（1）央行基准利率

央行基准利率包括四种：

① 再贷款利率，指央行向金融机构发放再贷款所采用的利率；

② 再贴现利率，指央行为金融机构办理已贴现票据的再贴现业务所采用的利率；

③ 存款准备金利率，指央行对金融机构交存的法定存款准备金支付的利率；

④ 超额存款准备金利率，指央行对金融机构交存的准备金中超过法定存款准备金水平的部分支付的利率。

（2）金融机构法定存贷款利率

金融机构法定存贷款利率包括：金融机构揽收公众存款所支付的利率与金融机构向公众发放贷款所收取的利率。

（3）制定金融机构存贷款利率的浮动范围

金融机构根据央行政策给出存款利率的上限和贷款利率的下限，随行就市，上下浮动。

（4）制定相关政策对各类利率结构和档次进行调整

央行会根据市场实际情况，制定相应的利率政策来进行利率结构与档次调整。比如，2020年推出的贷款市场报价利率政策（LPR，Loan Prime Rate）。

案例12

2019年，中国人民银行发布公告，要求自2020年1月1日起，各金融机构不得签订参考贷款基准利率定价的浮动利率贷款合同。自2020年3月1日起，金融机构应与存量浮动利率贷款客户就定价基准转换条款进行协商，将原合同约定的利率定价方式转换为以LPR为定价基准加点形成（加点可为负值），加点数值在合同剩余期限内固定不变；也可转换为固定利率。

面对利率波动，我们可以如下做。

（1）利率上升，做好经济下行风险准备

根据美国经济周期带来的启示，往往在利率极速上升之际，会迎来经济下行。当经济转好，我们除了多元化投资与收入渠道，还要未雨绸缪，逐步增加储蓄占比，以应对未来可能突发的经济下行。

（2）利率下跌，耐心等待经济复苏

2020年初，新冠肺炎疫情导致全世界经济停滞乃至衰退，但各国政府都做出了极快的政策反应，比如降息、增加补贴，2021年各国经济已经处于恢复阶段。因此，如果遇到经济衰退，央行通常都会做出降息决策，我们要做的就是相信国家，耐心等待经济复苏，并更加积极地投入到自己的工作与生活中去。

20. 菲利普斯曲线：失业与通货膨胀的关系

失业与通货膨胀是各国宏观经济调控的主要目标，那么，它们两者间是不是有什么关联呢？来看下面的调查结果。

1958年，在研究了1861~1957年英国的失业率和货币工资增长率的统计资料后，新西兰籍经济学家菲利普斯发现了失业率和货币工资增长率之间的规律关系：随着失业率降低，货币工资增长率升高；反之，当失业率增加，货币工资增长率则下降，甚至降至负数。基于这种关系画出来的曲线被称作最初的菲利普斯曲线。

（1）短期菲利普斯曲线

后来，以萨缪尔森为代表的新古典综合派基于菲利普斯曲线（PC）的发现，提出失业率与通货膨胀之间的关系，并用一条从左上至右下倾斜的曲线来表示，把它作为新古典综合理论的一个组成部分，用以解释通货膨胀，如图2-1所示。

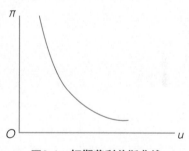

图2-1　短期菲利普斯曲线

图中曲线横轴u表示失业率，纵轴π表示通货膨胀率。从图片不难看出，失业率与通货膨胀率呈反相关关系，即当失业率上升时，通货膨胀率下降；当失业率下降时，通货膨胀率上升。

根据菲利普斯曲线，一国政府可以分析如何更好地应对通货膨胀。通常的做法是，在一定的时点上，政府设置一个国家经济能够最大限度承受的通货膨胀与失业的界限，通过市场总需求管理政策把通货膨胀和失业都控制在这一界限内。当通货膨胀率过高时，通过紧缩性的经济政策使失业率提高，以换取较低的通货膨胀率；当失业率过高时，采取扩张性的经济政策使通货膨胀率提高，以获得较低的失业率。

（2）长期菲利普斯曲线

后来，经济学家经过研究又有了新的发现，通货膨胀率与失业率的这种反向关系只在短期内有效，在长期会趋近于无效。货币学派认为，工人会根据预期通货膨胀率来调整自己对工资的预期，一起来看下面的案例。

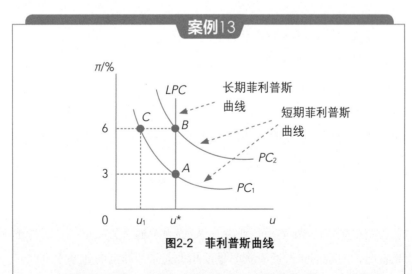

图2-2　菲利普斯曲线

如图2-2所示，假设一国经济处于自然失业率u^*、通货膨胀率为3%的A点。为了刺激经济、降低失业率至u_1（C点），政府采取扩张性政策，导致社会总需求增加，物价总水平上升，使通货膨胀率上升为6%（C点）。由于原本在A点，工人预期的通货膨胀率为3%，现在实际的通货膨胀率为6%，实际通货膨胀率高于预期通货膨胀率，使实际工资（即单位工资的实际购买力）下降，企业成本下降，从而会增加生产，增加就业，于是失业率降低到u_1，即该国经济从A点移动至C点。

但是，这种情况只是短期的。经过一段时间，工人们会发现价格水平的上升和实际工资的下降，单位工资的实际购买力下降，他们便会通过与公司协商、换工作等方式来提高实际货币工资。同时，他们会相应地调整通货膨胀率预期，从原来的3%提升至现在的6%，这种调整会使得实际工资回到原有水平。企业的生产和就业也都相应地回到了原有水平，失业率又回到了原来的u^*，但此时经济已处于具有较高通货膨胀率预期的6%，因此不会回到原来的A点，而是新的PC_2曲线上的B点。

将此过程重复下去，就不难想象短期菲利普斯曲线将不断上升。从长期来看，工人预期的通货膨胀率最终会与实际的通货膨胀率保持一致，企业成本不会再减少，因而会停止扩大生产，失业率也不会下降，从而便形成了一条与自然失业率重合的长期菲利普斯曲线。

这条垂直的长期菲利普斯曲线表明，在长期中失业率与通货膨胀之间不存在替代关系，政府运用扩张性政策不能持续降低失业率，反而会使得通货膨胀率不断上升。

面对长期菲利普斯曲线，我们应该按照以下两点去做。

（1）优化家庭财产配置，做好长期抗通货膨胀的准备

长期来看，通货膨胀必然发生，且通货膨胀率会持续攀升，我们一定要做好家庭财产优化配置，每年逐步增加抗通胀的资产配置，比如：股票、偏股票型基金等权益类资产；房地产、黄金等商品类资产；分红型保险、万能险、投资连结险等保险类资产。

（2）踏实工作，以应对未来职场随时可能遭遇的风险

在经济复苏期，可以根据自身优势，进入一些朝阳行业，踏实工作，稳定收入渠道。在经济下行期，可以提升自身核心竞争力，不要轻易更换工作，以防止出现事业风险。

21. 恩格尔系数：衡量民众生活水平的通用指标

如果你身上只有100元钱，你会怎么花？正常人可能就会想，吃饭都成问题，能省则省吧。那么，如果你突然中了500万元彩票大奖，你会怎么花？你可能会想，这下吃饭问题解决了，可能还能去买衣服、旅游，购置点非必需品。经济学家探究了不同收入的家庭之间消费行为的差异。

19世纪末，在比较了不同收入水平的家庭的消费模式后，德国统计学家恩格尔得出一个结论：收入较低的家庭花在生活必需品上的钱占他们的收入的比例更大。随着收入的增加，人们花在生活必

需品上的钱占收入的比例会持续下降，他们会更多地去购买非必需品。

在研究中，恩格尔绘制出表示生活必需品开支占收入的比例的曲线，被称为恩格尔曲线。而他发现的生活必需品开支与收入的增长成反比这一论断，被称为恩格尔定律。恩格尔使用恩格尔系数来分析收入对支出的影响：

$$恩格尔系数 = 食物支出额/消费支出额$$

恩格尔系数数值的大小从一个侧面反映了生活水平的高低，是衡量一个家庭富足程度的重要指标。

在国际上，通常认为：一个国家生活越贫困，恩格尔系数就越大；生活越富裕，恩格尔系数就越小。根据联合国粮农组织提出的标准：

① 当一个国家平均家庭恩格尔系数大于等于59%，则表示该国居民较为贫穷；

② 当一个国家平均家庭恩格尔系数大于等于50%且小于59%，则表示该国居民生活水平处于温饱；

③ 当一个国家平均家庭恩格尔系数大于等于40%且小于50%，则表示该国居民生活水平处于小康；

④ 当一个国家平均家庭恩格尔系数大于等于30%且小于40%，则表示该国居民生活水平相对富裕；

⑤ 当一个国家平均家庭恩格尔系数小于30%，则表示该国居民生活水平极其富裕。

那么，作为信奉"民以食为天"的中国的恩格尔系数是不是一直很高呢？一起来看下面的数据。

案例14

"十三五"期间，国家统计局公布中国恩格尔系数的数据：我国居民恩格尔系数已经从2016年的30.1%降至2019年的28.2%，已达到国际上认定的富裕水平。中国国际贸易促进委员会研究院副院长赵萍对此评论：恩格尔系数是衡量人民生活水平的一把刻度尺，作为发展中国家，"十三五"期间中国的经济发展成就辉煌，在消费方面我们也取得了不起的突破，百姓受益良多。

五年间，我国居民收入不断增加，直接推动了恩格尔系数的降低，日常饮食消费早已不是多数中国人消费中的"大头"。消费结构不断优化，消费结构持续升级，除了吃穿，旅游、娱乐等消费选项更多地走进了大众生活。

想要了解家庭的恩格尔系数，可以重点了解以下两个方面。

（1）对家庭全部消费性支出进行统计归类

通常情况下，一个家庭的消费性支出包括吃、穿、住、行、用五大类别。我们需要使用专用账本或是软件进行每日记录与定期统计。在做到日清月结与年终统计后，我们就能大致摸清家庭的消费性支出的总体情况。

（2）增加家庭收入，降低食品支出，以降低恩格尔系数

如果你发现自家的恩格尔系数很高，就要有所警觉，可能并不是家庭收入水平太低，而是过多地花费在了饮食上。美国一家借贷

公司创始人、亿万富翁格伦·斯特恩斯曾经挑战过一个任务：在一个陌生的城市，改名换姓，没有人脉、资源，身上只带了100美元和一部没有联系人的手机，一辆小货车，90天内从零开始赚到百万美元。

　　结果，他真的成功了，而格伦在挑战中做的第一件事就是：先解决温饱问题，然后固定每日的饮食支出，再尽可能多地攒钱，把多余的收入用在建立事业上。这与我们大多数人"赚到了钱先去大吃一顿"的想法完全相反，这给了我们很多启示。想攒钱，想赚钱，也许真的要先戒掉胡吃海喝。

第 3 章

消费经济学

每天学一点经济学，掌握神奇的消费规律

经济学是一门经世济民、治国齐家的学问，也有人把它诠释为一种让人幸福的艺术。因此，近些年来，经济学以一副通俗亲切的面孔逐渐走进人们的视野，更多的人开始用经济学理论指导自己的经济生活。

22. 需求定律及其例外：商品价格与需求量的关系

在经济学界，有一句戏言：只要教会猴子需求与供给，猴子也能成为经济学家。可见学会需求与供给对学习经济学是多么重要。在西方经济学中，需求与供给定律是开展经济分析的前提，现代不少研究方法如均衡分析、过程分析等都是直接或间接建立在需求定律和供给定律的基础之上。

需求定律是经济学中一条恒久不变、应用广泛而且在解释经济现象时必不可少的定律。通常它是这样定义的：在其他情况不变化的时候，一种商品的价格与需求量成反向变化。

这条定律其实非常好理解，比如：每当节假日来临前，比如农历新年、"双十一"，各大商场、品牌都会推出节假日限时优惠套餐，有经验的消费者就会提前做好准备，特地推迟消费，把预算留到节假日那段时间，而平时很少购物的人们也会被广告吸引，走进店铺或商场看看。这就是活生生的商家应用需求定律的例子。

从数学角度来看，需求定律展示的就是人们对某种商品的需求数量与该商品的价格之间的函数关系。如果把这段关系放在坐标轴上，则能看到下面的这样一条从左上方向右下方倾斜的曲线，这就是需求曲线，如图3-1所示。

这条曲线理解起来也容易，随着某一种商品价格上

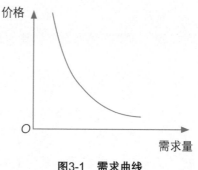

图3-1 需求曲线

涨，人们单位货币的实际购买力就会下降，因而导致人们对该种商品的有效需求量降低；反之，某一种商品价格下跌，人们单位货币的实际购买力就会增加，人们的有效需求量就会上涨。

通俗一点，可以借用我们在讨价还价时常用到的一句话来理解，就是："老板，再便宜点，我就买了！"

但其实，在现实生活中，也会有与需求定律相违背的例外。经济学家通过观察，主要总结出下面三类。

（1）吉芬商品

19世纪，英国经济学家罗伯特·吉芬在研究爱尔兰的土豆销售情况时，发现当土豆价格上涨，需求量也随之上升，而当土豆价格下降，需求量也随之减少，这是最早发现的违背需求定律的情况。

吉芬解释说，在极端灾荒年份，在当时的收入条件下，就会出现吉芬商品。当土豆价格上升时，人们单位货币的实际购买力下降，因为害怕未来价格继续上涨，穷人们不得不购买更多的土豆。反之，当土豆价格下跌时，人们单位货币的实际购买力增加，吃腻了土豆的穷人们更愿意尝试更好的牛肉等食品，反而减少了对土豆的消费。

在现实生活，吉芬商品是很少见的，是一种经济因素引起的例外情况，吉芬商品考虑了"其他条件"后的例外情形。

（2）凡勃伦商品

1899年，美国经济学家托斯丹·邦德·凡勃伦在其出版的著作《有闲阶级论》中，提出了自己发现的一种违反需求定律的情况：人们买一样东西，看中的并不完全是它的使用价值，而是希

望通过这样东西显示自己的财富、地位等方面。一起来看下面的
案例。

案例1

　　一些家庭为了显示其地位尊贵，愿意购买价格昂贵的名
画、古董等；而当这些商品价格下跌到不足以显示其身份时，
反而会减少购买。款式、皮质差不多的一双皮鞋，在普通的鞋
店卖80元，鲜有人问津，在大商场的柜台上卖到数百元，却总
有人愿意买。1.66万元的眼镜架、6.88万元的纪念表、168万元
的顶级钢琴，这些近乎"天价"的商品，往往也能在市场上走
俏，引发消费者追捧。

　　在经济学上，这种商品后来就被称作凡勃伦商品。这种商品价
格越高，越受欢迎，当价格一旦下降，反而被人们抛弃。购买它们
的消费者希望能够通过消费高于实际使用价值的高价商品，来炫耀
自身的经济实力、社会地位或时尚品位。

（3）从众性消费

　　从众性消费指的是由于受他人或周围情景因素的影响而对这类
商品的消费，不是出于真正对其商品物质方面使用价值的追求，而
仅仅是满足人们的一种从众心理。一起来看下面的案例。

案例2

　　美国"色泽研究院"曾做过一项测验，把6种不同颜色的围巾放在参加测验的妇女面前。当询问她们哪一种颜色的围巾最漂亮，有75%的人都说第六号围巾最漂亮。过后进行个别猜奖游戏，以这些围巾作为奖品。结果获奖的人大多数选择其他围巾，选择第六号围巾者仅占10%。

　　上面的案例告诉我们，人的选择会受到其他人压力的影响，个人可能因为群体诱导做出附和的选择。与凡勃伦商品满足人们的虚荣心理不同，从众性消费主要是满足人们的从众心理，比如时尚流行商品、文化商品等。

　　中秋节吃月饼就是最好的一个例子。中秋节吃月饼是中国人民的传统文化习俗，中秋节前的月饼价格可以高出平时很多，但需求量也明显大于平时；中秋节一过，月饼的需求量和价格则齐刷刷下降。

　　想要利用需求定律及相关知识指导生活，可从以下两个方面入手。

（1）消费者应合理消费，避免冲动消费

　　现在，越来越多人会选择网络购物，觉得商品很便宜。但我们一定要合理消费，避免冲动，不要因为价格便宜，而买来一堆自己不需要的东西。

（2）生产者应及时更新产品，注重创新创造

对于吉芬商品的生产者而言，应该时刻注意在消费者收入水平不断提高的情况下，及时实现产品的更新迭代，满足人们日益增长的对消费水平升级的需求。现在的消费者除去产品本身还更加注重用户体验、用户服务等附加方面，如果厂商一味故步自封，最终只会被消费者抛弃。只有持续围绕消费者进行升级，厂商才能拥有提价权，消费者才会买单。

如果厂商生产的是能够显示人们身份、社会地位或购买能力的炫耀性商品或声望商品，就应当给它制定一个适当高的价格，才会实现收入的最大化。

此外，生产者应该注重产品的文化内涵以及消费者的购物体验，才能促使消费者对产品形成消费"依赖"，提升产品在消费者心中的地位，促进复购率的提升。

23. 棘轮效应：由俭入奢易，由奢入俭难

宋代政治家和文学家司马光在他写给儿子司马康的一封家书《训俭示康》中写道：由俭入奢易，由奢入俭难。司马光一生秉承清白俭朴的家风，拒绝奢侈浪费，倡导俭朴为美，他写这封家书的目的就是要告诫儿子不可沾染纨绔之气，保持俭朴清廉的家庭传统。

我们经常可以在电视剧或电影作品中看到，一些家道中落的富人往往很难改掉原有的消费习惯，艰难地维持着固有的消费行为。

美国著名经济学家詹姆斯·杜森贝里用更加学术的表达来概括

这一现象，称之为"棘轮效应"。学过机械的人都会知道，棘轮机构是由棘轮和棘爪组成的一组单向间歇性运动机构。而经济学家用这种"单向"特性来描述人的消费惯性，即人们的消费习惯形成之后具有不可逆性，人们容易随着收入的提升而增加消费，却不愿意随收入降低而减少消费，尤其是在短期内，其习惯效应较大，如生理和社会需要、个人的经历等，特别是个人在收入最高期所达到的消费标准对消费习惯的形成有很重要的影响作用。

棘轮效应的负面作用显而易见，一起来看下面的历史故事。

案例3

商朝时，纣王登位之初，天下人都认为在这位精明的国君的治理下，商朝的江山一定会坚如磐石。一天，纣王命人用象牙做了一双筷子，十分高兴地使用这双象牙筷子吃饭。他的叔父箕子见了，劝他收藏起来，但纣王却满不在乎，满朝文武大臣也不以为意，认为这是一件很平常的小事。

箕子为此忧心忡忡，有的大臣询问他原因，箕子回答："纣王用象牙做筷子，必定再不会用土制的瓦罐盛汤装饭，肯定要改用犀牛角做成的杯子和美玉制成的饭碗。有了象牙筷、犀牛角杯和美玉碗，难道还会用它来吃粗茶淡饭和豆子煮的汤吗？大王的餐桌从此顿顿都要摆上美酒佳肴了。吃的是美酒佳肴，穿的自然要绫罗绸缎，住的就要求富丽堂皇，还要大兴土木筑起楼台亭阁以便取乐了。对这样的后果我觉得不寒而栗。"

结果，仅仅几年时间，箕子的预言果然应验了，商纣王恣意骄奢，便断送了商汤绵延五百年的江山。

除了上面的解释，棘轮效应在一国经济中的含义指经济活动中的不可逆性，就像前进中的"棘轮"一样很难逆转。

案例4

如果现在肉禽蛋等原材料价格下降，但是相应的制成品如牛肉拉面、方便面以及饭店的饭菜价格却不会相应地下降，为什么？因为一个国家经济要发展，必然会存在通胀率温和上升的情况。因而，工人只会要求越来越高，商家成本每年升高，所以价格也会随之水涨船高。

因此，国家解决棘轮效应的办法只能是增加居民收入，用疏导的方式来化解物价上涨的影响，这样对于普通大众来说，相对负担并没有增加，对于厂家来说也能持续有利可图。

人要学会合理管理自己的欲望，欲望是一把双刃剑，我们对于欲望既不能完全禁止，也不能完全放纵。我们既要合理利用欲望，激励自己努力奋斗，也要限制过度的奢求，培养俭朴的生活习惯。

24. 购买力平价：你的钱在其他国家能买到什么？

在开始本节的内容前，我们先一起来看下面的案例。

案例5

今天是2021年6月30日，A、B、C三人来到上海浦东机场，准备登机。

A飞往美国洛杉矶，开跨国会议。会议结束后，A路过GAP店铺，走进去给自己买了一件T恤，看了下售价15美元，A用支付宝付款，发现账户支付了96.9元人民币。（1美元兑6.46元人民币）

B飞往日本京都，请当地朋友一起吃了拉面，老板跟他说两碗面价格一共1700日元，最后B用支付宝付款，发现账户支付了99.3元人民币。（1元人民币兑17.12日元）

C飞往西班牙马德里，与他跨国恋已久的女友约会，两人去逛超市，正赶上海鲜打折，于是买了一些，结账共计7.7欧元，C用支付宝付款，发现账户支付了100.2元人民币。（1欧元兑13.01元人民币）

（注：上述汇率为2021年6月30日中国银行外汇牌价中间价。）

从上面的案例不难看出，单位货币（约100元人民币）在不同国家能够买的商品及数量是不一样的，这导致了购买力平价的产生。

在经济学上，购买力平价是一种根据各国不同的价格水平计算出来的货币之间的等值系数，以便能够对各国的国内生产总值进行合理比较，这种理论认为官方汇率与实际汇率可能有很大的差距。

1986年9月起，英国著名杂志《经济学人》推出了有趣的"巨无霸指数"。假设麦当劳的一个巨无霸汉堡在美国价格是4美元，在英国3英镑，那么经济学家就认为美元与英镑的购买力平价汇率就是"3英镑 = 4美元"，以此类推。但往往这样计算出来的购买力平价汇率与官方公布的汇率不同。

假如在上述案例中美元和英镑的真实汇率是1美元兑1英镑，那么根据购买力平价理论，后续美元与英镑的真实汇率将逐渐向购买力平价汇率靠拢。在一些西方经济学家眼中，《经济学人》每年公布的"巨无霸指数"已经成为评估一种货币真实内在价值的指数。

但也有经济学者对购买力平价理论表示反对，因为假设各个国家的同一种商品的价格相同本身就是错误的。比如，假发在中国是普通的消费品，但在非洲却是奢侈品，购买力平价理论没有考虑到这种情况。购买力平价在统计学上具有欺骗性，因为你可以通过选择不一样的商品得出不一样的结论。

但不可否认的是，越是人均收入水平低的发展中国家，其本国汇率越是低于购买力平价汇率，而越是经济发展水平高的发达国家，这种官方汇率与购买力平价汇率的差异就越小。

近年来人民币升值对我们的启示主要有两点。

（1）老百姓口袋会更鼓，但应警惕失业风险

自2008年金融危机爆发后，人民币汇率一度从1元人民币兑8美元变成2020年的1元人民币兑6.4美元，老百姓口袋里的人民币越来越值钱了，越来越多人会选择出国旅游、购买进口商品。虽然老百姓生活更好了，但也要警惕因为人民币升值，进口产品会更多地进入本国市场，掠夺本土产品的市场份额，造成国有品牌销售受到打击，甚至会有厂商裁员。

（2）警惕外资入侵风险

随着人民币升值，越来越多外资会流入中国，进行投机投资。大量资金进入我国的金融系统，表面上拉动了我们的内需与经济，但同时也使国内的现金流量的需求增大，可能导致我国通货膨胀率高居不下。

25. 性价比：聪明消费，舍我其谁

要讲性价比，就不得不提一个品牌——小米，性价比一直是小米的宣传卖点。一起来看下面的案例。

> **案例6**
>
> 　　一直以来，小米的"极致性价比"理念深入人心。2021年，小米中国区总裁、红米Redmi品牌总经理卢伟冰在微博表示：极致性价比是Redmi（小米手机的子品牌）的品牌使命，也是Redmi不变的品牌基因。2021年，Redmi仍将在"感动人心、价格厚道"的旗帜下，把高品质和极致性价比进行到底，带给大家更多惊喜。
>
> 　　我们不妨来研究一下"性价比"。自从2010年小米探索成功之后，越来越多的人开始关注性价比这个概念。

性价比指的是商品的性能与价格之比，是反映物品的可买程度

的一种量化的计量方式。性价比是一个性能与价格之间的比例关系，具体公式如下：

$$性价比 = 性能/价格$$

从上面的公式，我们不难推断：性能相同，价格越低，性价比越高；价格相同，性能越高，性价比越高。因此，对于消费者来说，探讨性价比，通常先会满足自己对产品性能的要求，然后再看价格是否合适。

但实际上，性价比存在一个很大的问题。根据性价比的公式，可以知道性价比不是一个固定的数值，只是一个比例关系。因为各个商品的适用范围与本身的特殊性，在同一性能基础上进行性能比较或比较的机会较少，不同产品的性价比不能一概而论。

换句话说，市面上具备完全相同性能的产品很少，甚至是没有，所以如果不同产品不具备同一种的性能作为比较基础，得出的性价比是没有意义的。

随着互联网时代到来，经济学者发现如今年轻人的性价比观念与老一辈又产生了不小的差异。

案例7

《人民日报海外版》曾经在一篇文章中指出，"95后""00后"在"买买买"上给人很多疑惑。

为什么他们一边不惜花大价钱买绝版球鞋、奢侈美妆，一边又热衷拼单、拼购，几块钱的配送费能省就省？说热衷享受吧，他们的确更爱旅行、爱休闲、爱下午茶，但在互联网上乐此不疲地"砍价""盖楼"中也总有他们的身影。他们习惯在社交媒体、视频、直播上被"种草"，但敏锐的商家又发现他们其实最爱比价、浏览下单转化率更低。

网上诞生了一系列流行词："精致穷""局部有钱人"。还有人编了个顺口溜，说当代年轻人的消费观就是：坐最硬的绿皮火车，看最前排的演唱会；三十几的奶茶随便喝，十几块的会员到处借；几百块的衣服可以买，十几块的邮费你休想。

市场调查公司欧睿国际在其报告中警告全球厂商：经济不确定性驱动消费节俭风在全球兴起。消费者的价格敏感度上升，意味着"性价比"将重新被定义。

（1）消费者应警惕"性价比陷阱"

消费者应该合理运用性价比指标，才能买到对自己来说价廉物美的商品。同时，要警惕某些商家在产品宣传时故意主打的性价比口号。比如，如果商家一直强调某个产品与其他产品相比性价比超高，你就要小心了，说不定这个大"馅饼"对你来说是个大陷阱。同时，当价格发生大幅变化时，记得一定要留意产品性能的变化，如整体质量、配件数量等，搞清楚为什么会变化，是工艺改进、促销、清货还是其他什么原因，不要被性价比迷惑。

（2）商家应该生产出真正能够给消费者带去高性价比的产品

2019年到2020年，"硬折扣"超市奥乐齐（ALDI）的销售增长了10%。有消息称，阿里巴巴也正秘密打造自己的"硬折扣"超市。

反观业内很多人，还在沿着"消费升级"的思路打造新消费品牌。现如今年轻人更加看重真实性价比，这显然是一个致命的错误。商家应生产具有真正高性价比的产品，才能赢得消费者的真心。

26. 税务统筹：合理合法地去节税

一提到节税，很多人可能就要摇头，以为这是违法的。错！首先要明确，我们说的是节税，而不是避税。避税可以说是打了"擦边球"，是不被国家提倡的。但节税，也可以被称为税收筹划，指的是通过合法、合理的手段来减少税费，以达到增加可支配收入的目的。

那么，你可能又会说，节税是企业的事情吧，我只是一个普通人，节税和我无关吧？你又错了！美国有一句话：世界上有两件事不可能逃避，死亡和税务。想一想，除去基本的衣、食、住、行的花费，税收真是无处不在：

① 你买了新手机，要交消费税；

② 你买了一套房子，要交契税；

③ 你买了彩票，后来中了奖，要交偶然所得税；

④ 年底，公司要发年终奖，你还在抱怨为什么人力资源部门非要分两次发放，实际上，那是为了帮你合理节税。

那么我们个人该如何合法、合理地去节税呢？首先你需要了解一下2018年修订的《中华人民共和国个人所得税法》：

① 在本次修订中，个人所得税起征点从每月3500元调整为5000元；

② 原先分别计税的工资、薪金所得、劳务报酬所得、稿酬所得和特许权使用费统统作为综合所得，按照纳税年度合并计算个人所得税；

③ 减税继续向中低收入阶层倾斜，并将住房、子女教育、赡养老人等六项支出纳入可抵税范围。

在了解新税法的基础上，我们还可以通过下面两种方法来合理节税。

（1）利用专项附加扣除项目节税

根据《中华人民共和国个人所得税法》第六条规定：居民个人的综合所得，以每一纳税年度的收入额减除费用六万元以及专项扣除、专项附加扣除和依法确定的其他扣除后的余额，为应纳税所得额。

换句话说，除了每月5000元的基本减除费用、"五险一金"等专项扣除外，我们个人还能享受子女教育、继续教育、大病医疗、住房贷款利息、住房租金、赡养老人这六大类专项附加扣除。

① 子女教育支出：纳税人的子女接受全日制学历教育以及年满3岁至小学入学前的学前教育相关支出，按照每个子女每月1000元的标准定额扣除。学历教育包括义务教育（小学、初中教育）、高中阶段教育（普通高中、中等职业、技工教育）、高等教育（大学专科、大学本科、硕士研究生、博士研究生教育）。

父母可以选择由其中一方按扣除标准的100%扣除，也可以选择由双方分别按扣除标准的50%扣除，具体扣除方式在一个纳税年度内不能变更。

② 继续教育支出：在中国境内接受学历（学位）继续教育的

支出，在学历（学位）教育期间按照每月400元定额扣除。同一学历（学位）继续教育的扣除期限不能超过48个月。纳税人接受技能人员职业资格继续教育、专业技术人员职业资格继续教育的支出，在取得相关证书的当年，按照3600元定额扣除。

③ 大病医疗支出：在一个纳税年度内，纳税人发生的与基本医保相关的医药费用支出，扣除医保报销后个人负担累计超过15000元的部分，由纳税人在办理年度汇算清缴时，在80000元限额内据实扣除。纳税人发生的医药费用支出可以选择由本人或者其配偶扣除；未成年子女发生的医药费用支出可以选择由其父母一方扣除。

④ 住房贷款利息支出：纳税人本人或者配偶单独或者共同使用商业银行或者住房公积金个人住房贷款为本人或者其配偶购买中国境内住房，发生的首套住房贷款利息支出，在实际发生贷款利息的年度，按照每月1000元的标准定额扣除，扣除期限最长不超过240个月。纳税人只能享受一次首套住房贷款的利息扣除，非首套住房的贷款利息支出不得予以扣除。

⑤ 住房租金支出：直辖市、省会（首府）城市、计划单列市以及国务院确定的其他城市，纳税人可享受每月1500元的扣除标准；市辖区户籍人口超过100万的城市，扣除标准为每月1100元；市辖区户籍人口不超过100万的城市，纳税人可享受每月800元的扣除标准。

⑥ 赡养老人支出：纳税人赡养年满60岁的父母，以及子女均已去世的年满60岁的祖父母、外祖父母，如果纳税人为独生子女的，按照每月2000元的标准定额扣除；如果纳税人为非独生子女的，由其与兄弟姐妹分摊每月2000元的扣除额度，每人分摊的额度

不能超过每月1000元。

（2）通过缴纳公积金来节税

根据《住房公积金管理条例》《建设部、财政部、中国人民银行关于住房公积金管理若干具体问题的指导意见》（建金管〔2005〕5号）等规定，单位和个人分别在不超过职工本人上一年度月平均工资12%的幅度内，其实际缴存的住房公积金，允许在个人应纳税所得额中扣除。

换句话说，职工每月实际缴存的住房公积金只要在上一年度平均月薪12%的幅度内，就可以在个人所得税额中扣除。我们可以充分利用这一点来合理节税。

另外，合理节税还有其他做法，具体包括购买教育储蓄、购买投资国债免税、保险所得赔偿免税、投资货币基金免税等。

27. 保障性住房：低收入家庭的"家之梦"

"住有所居"是每一个人的梦想，面临部分地区越来越高昂的房价，年轻人买房的压力越来越大，而保障房建设就给了人们尤其是中低收入者实现安居梦想的希望。通过建设保障性住房解决中低收入家庭的基本住房问题，是国际上通行的做法。

① 西班牙：西班牙宪法明确规定住宅权是公民的基本权利之一。但随着房价每年飘升，一部分低收入群体和年轻人购买或租用住房面临很大困难。为此，政府专门设立了住房部，对住房政策和住房市场等进行宏观调控，并坚持不懈地实行社会福利保障性住房

政策，在缓解住房供需矛盾和解决低收入群体住房方面起到了积极作用。

② 英国：十几年来，英国住房价格长期上涨，出现了严重的住房支付问题。为缓解住房难及房价不断攀升问题，英国政府开始进行公房建设。自2003年起，英国政府陆续出台了多项政策和措施解决低收入居民的住房问题，包括：公房出售，现有公房的租户以折扣价购买其承租公房的部分产权；新房出售，购买住房协会新建公房的部分产权；公开市场购房，在产权贷款的帮助下购买商品房。

③ 美国：1929年爆发的经济危机，美国城市里普遍出现严重的住房短缺，建筑业几乎处于停滞状态，房屋的建设数量减少了大约90%，许多城市由贫民窟而引发了社会动荡。20世纪30年代美国开始大规模进行公共住房建设，要求：住房开发由政府投入，统一规划和管理；完善的租赁及二次贷款制度；提供补贴鼓励低收入居民在私人住房领域寻找住房；公共住宅接纳的低收入住户不超过总住户数的一定比例。

2018年12月18日，习近平总书记在庆祝改革开放40周年大会上发表重要讲话时指出，"我国建成了包括养老、医疗、低保、住房在内的世界最大的社会保障体系"。新中国成立以来特别是党的十八大以来，我国住房保障取得了历史性成就，保障体系不断完善，保障能力持续增强，为促进实现全体人民"住有所居"的目标发挥了重要作用。

目前，我国保障性住房主要包括：经济适用房、廉租房、公共租赁房、定向安置房等。

（1）经济适用房

经济适用房属于福利性政策住房范畴，具有经济性与适用性双重特点，是政府以划拨方式提供土地，免收城市基础设施配套费等各种行政事业性收费和政府性基金，实行税收优惠政策，以政府指导价出售给有一定支付能力的低收入住房困难家庭。这类低收入家庭有一定的支付能力或者有预期的支付能力，购房人拥有有限产权。

（2）廉租房

廉租房指的是政府或机构拥有，以政府核定的低租金补贴或实物配租的方式，租赁给低收入家庭。廉租房只租不售，房源多样，包括新建住房、空置楼盘、改造危房、老旧公房等。但低收入家庭对廉租房没有产权，是非产权的保障性住房。

（3）公共租赁房

公共租赁房也称作公租房，指的是通过政府或政府委托的机构，按照市场租价向中低收入的住房困难家庭提供可租赁的住房，同时政府对承租家庭按月支付相应标准的租房补贴。公租房能够解决那些家庭收入高于享受廉租房标准而又无力购买经济适用房的低收入家庭的住房困难。

（4）定向安置房

定向安置房指的是政府进行城市道路建设和其他公共设施建设项目时，对被拆迁住户进行安置所建的房屋。安置的对象是城市居民被拆迁户，也包括征地拆迁房屋的农户。

（5）两限商品房

两限商品房就是指"限套型、限房价"的商品住房，经过市人民政府批准，在限制套型比例、限定销售价格的基础上，以竞地价、竞房价的方式，招标确定住宅项目开发建设单位，由中标单位按照约定标准建设，按照约定价位面向符合条件的居民销售的中低价位、中小套型普通商品住房。实际上，两限商品房并不是严格意义上的保障性住房。

（6）安居商品房

安居商品房指的是为实施国家"安居（或康居）工程"而建设的住房，是党和国家安排贷款和地方自支自筹资金建设的面向广大中低收入家庭，特别是对4平方米以下特困户提供的销售价格低于成本、由政府补贴的非营利性住房。

总而言之，保障性住房是改善城市低收入人群居住条件的重要措施，能够提高人民生活质量，促进社会稳定和谐。

28. 养老保险：给未来一个保障

现在人们找工作，经常会问招工单位一句话："你们缴纳五险一金吗？"而养老保险就是这"五险"中的其中一险。下面一起来看养老保险的"前世今生"。

随着人口老龄化加剧，老年人口呈现出持续上升的态势。为了解决养老的问题，给老人的晚年生活一份安心的保障，1997年，颁布了《国务院关于建立统一的企业职工基本养老保险制度的决定》，要求设立退休人员社会养老金，主要包括基础性养老金与个人账户养老金。

基础性养老金月标准为当地上年度职工月平均工资的20%，个人账户养老金月标准为本人个人账户储存额除以120。专家评价：社会养老保险的出现，保障了老年劳动者的基本生活，等于保障了社会相当部分人口的基本生活。

十九大报告指出，加强社会保障体系建设。全面建成覆盖全民、城乡统筹、权责清晰、保障适度、可持续的多层次社会保障体系，全面实施全民参保计划。完善城镇职工基本养老保险和城乡居民基本养老保险制度，尽快实现养老保险全国统筹。完善统一的城乡居民基本医疗保险制度和大病保险制度。完善失业、工伤保险制度。建立全国统一的社会保险公共服务平台。

如今，养老保险已经成为每个中国居民都享有的权利，以及每家用人单位必须按规定缴纳的义务。在我国，养老保险包含以下四个部分。

（1）基本养老保险

基本养老保险也称作国家基本养老保险，是国家根据相关法律和法规，为解决劳动者在达到国家的解除劳动义务的劳动年龄界限，或因年老丧失劳动能力退出劳动岗位后的基本生活而建立的一种社会保险制度。

基本养老保险具有强制性、互济性和社会性的特点。强制性体现在由国家立法并强制实行，企业和个人都必须参加而不得违背；

互济性体现在养老保险费用来源，一般由国家、企业和个人三方共同负担，统一使用与支付，使企业职工得到生活保障并实现广泛的社会互济；社会性体现在养老保险影响很大，享受人多且时间较长，费用支出庞大。

（2）企业补充养老保险

企业补充养老保险也称作企业年金，指的是由企业根据自身经济承受能力，在参加基本养老保险基础上，企业为提高职工的养老保险待遇水平而自愿为本企业职工所建立的一种辅助性的养老保险。

企业补充养老保险是企业的一种自发行为，效益好的企业可以多投保，效益差的企业可以不投保。实行企业年金，可以使得退休员工在领取基本养老金水平上再获得一份退休金，有利于稳定职工队伍，为企业招揽人才。

（3）个人储蓄性养老保险

个人储蓄性养老保险指的是由职工自愿参加、自愿选择经办机构的一种补充保险形式，能够扩大养老保险经费来源，多渠道筹集养老保险基金，减轻国家和企业的负担，有利于消除长期形成的保险费用完全由国家"包下来"的观念，增强职工的自我保障意识和参与社会保险的主动性，也能够促进对社会保险工作实行广泛的群众监督。

（4）商业养老保险

商业养老保险也称作退休金养老保险，指的是以获得养老金为主要目的的长期人身险，它是年金保险的一种特殊形式，是社会养老保险的补充。在缴纳了一定的保险费以后，参与商业性养老保险的被保险人就可以从一定的年龄开始领取养老金。如无特殊条款规定，商业养老保险的投保人缴纳保险费的时间间隔相等、保险费金额相等、整个缴费期间内的利率固定，且计息频率与付款频率相等。

29. 垄断：钻戒怎么就那么贵

提起钻石，你的第一反应是什么？相信很多人都会回答：贵！小小的一颗钻石为什么那么贵？或者说凭什么那么贵？来看下面的故事，也许你就有答案了。

案例8

大约3000年前的时候，在古印度的克里希纳河谷发现了世界上第一颗钻石，人们不知道这是什么东西，并将其视为具有驱邪的法力。因此在梵文中，钻石一词即为雷电之意，借以表达钻石由闪电而生。后来，人们为了开采这种美丽的宝石，耗费几十年甚至上百年来找寻钻石矿床。比如博茨瓦纳的欧拉原生矿床就耗费了3200万美元，历经了18年艰辛的找寻，才最终被发现。要知道，任何一个细小的失误就可能导致钻石原石被破坏，无论露天开采，还是地下挖掘，都需要极大的人力、物力的投入。

所以，你应该知道了"钻石为什么贵"的答案，因为从发掘到制作成成品，成本是极其巨大的。此外还有一个隐藏的原因，如果你看过2006年莱昂纳多·迪卡普里奥主演的电影《血钻》，可能就会脱口而出了：垄断。一起来看下面的故事。

> **案例**9
>
> 仅仅凭借"钻石恒久远，一颗永流传"一句话，19世纪开始，戴着钻戒结婚成了年轻人结婚时的风俗。然而就在19世纪，钻石产业曾遭受一次重大危机。1869年，南非发现了一个巨大的钻石矿，市场钻石供应量急剧上升，为了增加销量，商家们彼此打压，纷纷压价，导致钻石的价格直线下降。商人们马上意识到自己陷入了"囚徒困境"，各家竞相压价的结果是大家都将损失巨大。
>
> 于是，钻石商人们做了一个影响深远的决定：联合起来成立一家全球范围内的垄断集团，这就是著名的戴比尔斯公司。

在经济学中，垄断指的是少数资本主义大企业，为了获得高额利润，通过相互签订协议或联合，对一个或几个部门商品的生产、销售和价格进行操纵和控制。通俗点说，就是整个市场上的商品供应量、商品价格都被唯一的垄断者控制，垄断者很轻易地通过控制价格与产量实现了自己的利润最大化。

对于垄断，人们始终存在争议，生产者能够通过垄断做到行业第一，甚至直接对行业实行寡头垄断，但消费者却因为垄断而不能对产品价格有议价权，难以实现自己的效用最大化。

作为奢侈品，钻石不同于普通消费品。虽然钻石的成分主要是碳，而且地质学家也会告诉你，其实它并不稀有，但从某种意义上说，"贵"就是钻石的价值。

我国现行反垄断举措主要有两点。

（1）制定《中华人民共和国反垄断法》

2007年8月30日，中华人民共和国第十届全国人民代表大会常务委员会第二十九次会议通过了《中华人民共和国反垄断法》，法律规定：经营者集中具有或者可能具有排除、限制竞争效果的，国务院反垄断执法机构应当作出禁止经营者集中的决定。

（2）推出《国务院反垄断委员会关于平台经济领域的反垄断指南》

2021年2月7日，国家市场监督管理总局官网发布《国务院反垄断委员会关于平台经济领域的反垄断指南》（以下简称《指南》），吹响了我国互联网平台经济领域反垄断的第一声号角。《指南》主要针对垄断协议、滥用市场支配地位、经营者集中、滥用行政权力排除限制竞争等四类垄断行为进行细化规定，对于消费者经常会遇见的"二选一"、大数据"杀熟"等问题进行了明确限制。

30. 转嫁效应：人民币升值是否有利于化解通货膨胀

在国际贸易领域，有一个专业术语叫Pass-through Effect，中文翻译过来就是"转嫁效应"，意思就是：当本国货币升值，则单位外币的购买力就会相对下降，促使进口产品在国内更为抢手，而本国商品的需求量会降低，这样最终使得本国物价总水平下降，缓解通货膨胀。

我们都知道，控制通货膨胀是一国财政政策与货币政策调节的重要目标之一，那么，在实际生活中，通货膨胀是否真的能够通过控制汇率来轻易调节？

2012年，人民币的汇率为1美元兑人民币6.3391元，相较于2010年的1美元兑人民币6.6515元，可以说，两年里人民币相对美元升值了。但2012年末，CPI全年增速为2.6%，2011年末，CPI全年增速为5.4%，通货膨胀情况持续扩大。

所以，为什么理论上可行的"转嫁效应"，到了实际生活中却不成立？这其实存在两方面原因。

（1）外资热钱涌入

早在人民币还未升值时期，外资对于中国经济复苏的强预期使得他们早早将外币兑换成人民币，他们或投资证券市场，或投资房地产市场，或投资实体经济。但无论哪种渠道，外资的涌入会迫使央行发放更多的人民币来支持外币的兑付，并收取更多外汇占款。

外汇储备规模的扩大促使人民币升值，而等到人民币真的升值了，达到了预期的外资又会将人民币兑换回外币，这样直接导致了市场上人民币的抛售，最终使得通货膨胀率上升。这就是为什么人民币升值后，通货膨胀率不降反升。

（2）外资并不是均衡地流入每一个行业

外资热钱涌入我国并不是对每一个行业"雨露均沾"，资金总是流入预期收益率较高的强势行业，比如：房地产、股市。当这些行业受益，企业收入与员工工资增加，才会进一步推动我国消费品、服务市场价格水平的上涨，形成"投资—消费—再提价"的货币循环，促使我国通货膨胀率越来越高。

缓解上述人民币升值与通货膨胀并存的现象的建议如下。

（1）优化经济结构仍是首要任务

我国经济内部经济结构仍然存在一定的失衡，这是我们需要关注的首要问题。对于人民币升值造成的贸易逆差，央行应该完善人民币汇率形成机制，增强人民币汇率波动的弹性。

（2）加强外汇管制，严密监视外资流向

对于国内通货膨胀率居高不下的问题，我国应对外资流向进行严密监控，遏制大量资金流入房地产市场与资本市场股市，并且加强外汇管制。

31. 网红经济：真的是看脸时代的产物吗？

当网红成为一种经济现象，越来越多的人开始利用这种现象淘金，获得了可观的收入，网红经济也渐渐被很多传统企业认可。

值得注意的是，在打造网红企业、网红产品，打造网红营销模式时，千万不能用传统的思维去做。以往那种先对产品进行策划、定位，然后再制定策略、确定渠道、寻找市场的做法已经不再适用。网红营销模式，核心不在卖货上，而要引导粉丝追求自己的生活方式。因为网红跟粉丝压根不是卖和买的关系，而是网红通过一系列的生活展示来诱导粉丝效仿他自己的生活方式。

传统营销模式与网红营销模式最大的区别在于，核心定位不同，营销策略不同。前者是侧重于产品打造，后者侧重于粉丝吸引，因而导致所采取的营销策略也截然不同。

前者从企业产品策划到消费者购买，基本上是一个环环相扣的过程，任何一个环节出现问题都可能影响到最终的效果。后者则不同，卖什么、如何卖已经不是重点，关键是要拥有一批高质量的粉丝。以前我们说喜欢一个人并持续关注他就是粉丝，而如今的粉丝不同，他们开始与经济挂钩，也就是说，他们愿意为自己的偶像或自己喜欢的这个人做出一些购买行为。

这在一定程度上改变了传统的商业模式，使框架反转，即把东西卖出去，反转成你要来我这里买东西。

（1）与已成名的网红合作

让企业具有网红的特征，与已成名的网红合作是一种较省时省力的方法，企业可以充分利用网红的社会影响力迅速打开市场。

需要注意的是，这类方法也有其劣势，成本较高，就像邀请名人代言一样，需要支付一定的费用。而且稳定性较差，无法形成稳定、系统的发展模式，无法为粉丝提供持久有力的服务。

（2）培养自己的网红

为什么要自己培养网红，除了成本低之外，关键是有些网红虽然知名度高，但其粉丝的调性与产品并不契合。什么样的产品就要找什么类型的网红。如：想卖美妆用品，当然就需要美妆类网红；想卖衣服，就要签服装类网红；想卖意大利红酒美食，就得培养意大利厨师网红。

假设一家卖红酒的企业，却找一个服装类网红合作，其效果肯定不太好，因为其粉丝调性与产品不契合，即使有几百万的粉丝，购买率也很低。因此，在吸收一部分名气较大、吸粉能力强的社会网红资源的基础上，还需要有一批小网红，形成网红矩阵。这就需要企业自己培养一批，这些网红要充分了解企业，与企业的调性相符合，且能全心全意忠诚于企业。比如创始人，核心的骨干合伙人，创始人家庭成员等。

在"粉丝经济""颜值经济""红人经济"遍地开花的今天，许多网友加入讨论这种商业模式的合理性中来。因为"网红"是近几年兴起的新现象，作为企业要明白，网红必须要跟自己的企业利益相关。利益绑定越深，他/她才会越不遗余力地为企业推广，企业也才能越放心地去花钱培养。不过，利用网红来搞"经济"，是近年才逐渐形成的一种新兴的商业模式，因此，网红经济到底应当如何发展，尚未有定论。

32. 电商直播：将互联网流量资源玩到极致

化妆直播、跳街舞直播、品牌销售直播……，来势汹汹的直播正在与各式各样的行业"联姻"，形成"直播＋营销"，强大的营销效果让各行业震惊不已。在这一风口下，越来越多的电商对直播爱到不行，甚至将直播作为自己营销的标配，与之同时，其他行业巨头也纷纷瞄准了这一块香饽饽。

案例10

直播与电商所结合产生的化学反应，已经深深地震惊到了各行各业。例如，京东生鲜在"618品质狂欢节"期间与斗鱼合作的"龙虾激战之夜"网红直播活动。

在整个合作期间，京东生鲜与斗鱼充分利用各自站内资源互相输送流量，同时，在活动开始前的造势阶段，京东生鲜和斗鱼就提供高达万元礼物及斗鱼首页资源位等奖品，并利用社交平台的天然优势直接吸引各大主播、用户的参与和观看。订单量跟上年相比直接翻了六番，移动端订单的占比高达88%。

除此之外，不少电商企业也开始玩起直播与用户互动，如女装品牌茵曼、聚美优品等。据聚美优品相关负责人表示，在聚美优品的APP中，直播已经占据非常重要的位置，直播功能给其平台创造了商机。

有的电商还自建了直播平台，如手机淘宝推出的"淘宝直播"

平台，定位于"消费类直播"的手淘平台，涵盖母婴、美妆、潮搭、美食、运动健身等范畴，如图3-2所示。每晚8点至10点是收看直播最踊跃的时段，同时也是用户们最愿意下单的时间，其中女性观众占绝大多数，比例约为80%。

直播的出现革新了传统电商的营销方式，直接促使其从产品导购向内容导购转型。同时，直播也非常适合爱购物的买家，视频信息比静态的文字图片来得更为丰富，对他们来说，可让他们更全面地了解产品。最关键的一点是通过直播

图3-2　手机淘宝的"淘宝直播"平台

看到的产品是真实全面的，360度无死角，产品的好与坏都无处隐藏。

在直播中主播能与用户进行实时互动，主播对产品进行详细介绍，用户之间也能通过弹幕交流购物经验。

这种带有浓烈社交色彩的网购模式，既保留了线上购物的便捷性，同时也结合了线下购物的交互属性，提升了用户的购物体验，让用户身临其境，直击用户的网购痛点。电商与视频的结合是直播模式的延续，尽管与直播模式有很多重叠之处，但鉴于电商企业在市场中的巨大影响力，短视频如果能与电商企业进行合作，也是一

种非常重要的营利模式。

"电商＋直播"对商家或短视频社区/平台可谓是双赢，电商实现了快速变现，短视频社区/平台获得了大流量。对于电商产品可实现更全面的展示，通过全面传播产品信息，促进了用户的有效决策，提升了销售效率。某些机智的商家如果还能融入一些营销创意的话，就能更好地运用直播这一营销利器，为平台找到新的流量入口，打造完美的流量闭环模式。

如果说直播是内容传播交互的创新，那么"直播＋电商"就是经济生产模式的创新，从"人与货"到"人与人"的交互，"直播＋电商"前景不可限量。

33. 5G经济：进入以人工智能为技术手段的新阶段

如果说5G之前的网络技术，改变的只是人们局部的生活、生产、学习和社交，而5G改变的将是整个社会链条，尤其是商业领域。2019年11月，我国宣布5G商用正式投产，跑步进入5G时代，这标志着5G技术在商业领域运用上步入了一个新阶段，创新型、颠覆型的技术和商业模式正在快速孕育并走向成熟，并已经将触角延伸至多个行业，进行全面创新和深刻颠覆。

案例11

例如，工厂的维护工作有很多，有的工作简单，有的工作复杂，工厂可以根据维护工作的难易程度来决定这项工作是由人来完成还是由机器人来完成，又或者是由人和机器人合作完成，这样可以最大限度提高工作效率。

为了工厂的管理，工厂里的每一个机器或者物体都将会有一个专属于自己的IP（因特网协议）终端，在生产环节每一个原材料都可以拥有自己独一无二的属性，原材料就可以按照自己被赋予的信息自动工作，生产产品或者是维护产品，有各自的职责，工厂管理的效率也会提高。

5G的出现让人和工业机器人在工厂维护和工作模式上得到升级，两者之间的完美配合让工厂的工作和维护更加简单。如果设备的故障是一个人不能够完成的，那么每一个修复人员都可以通过VR（虚拟现实）和远程触觉感知设备来对工业机器人进行远程指挥，共同修复故障。

5G网络有一个优势就是大流量，大流量完全可以支持多个VR和远程触觉感知设备流畅连接，进行大量数据交换，超低时延可以让工业机器人几乎没有任何错误和延时地完成人在远程发出的指令。

（1）超快的速度

5G和4G相比，最重要的一个飞跃就是速度的提升。5G的速度可以供客户流畅地使用VR业务，观看超高清视频。据了解，5G的基站峰值速度可能高于20Gb/s。

（2）业务网络广泛

网络的发展推动着线上业务的发展。如今，线上业务几乎可以为各个行业提供便利。5G的出现也扩大了业务范围，使业务从简单到复杂。

5G的业务广泛包括两个方面，一个是涵盖的方面多，覆盖面积大；另一个是深度的增加，5G涵盖了更多方面的业务，可以解决更深、更难的问题。从5G的基本特点来说，在为客户提供更好的体验这一方面，业务的广泛性发挥了很大作用。

（3）功率低

在快节奏的现代工作和生活中，一个高科技产品的性能对客户来说是非常重要的。

例如：现在的生活中，手机已经是一个不可缺少的产品，尤其是上班族，几乎离不开手机，在这种情况下，手机的电量持续时间是非常重要的。手机充满电使用的时间越长，用户的体验就越好，如果手机用两个小时就要充电，用户会感到十分麻烦甚至厌烦。

在研究5G的时候，就已经有人注意到这个问题，而5G也在一定程度上解决了这个问题——5G使用时消耗的功率很小。5G采用了窄带物联网这种技术，在使用的过程中不仅消耗功率小，覆盖面积广，而且是大连接。窄带物联网可以直接部署于GSM网络和UMTS网络，因为有窄带物联网这种技术，所以5G才能做到降低功率的同时，降低部署成本。

（4）延时短

虽然现在使用网络，用户可能认为信息是实时送达的，但是并不是这样。网络再快，也是有信息延迟的。就普通网络发送信息，延迟的时间大约140毫秒，看似时间很短，用户的网络体验还是很好，没有受到影响。可140毫秒对于5G新开发的场景却是不可容忍的。

随着5G的到来，无人驾驶、工业自动化等技术会广泛使用，在这些应用中，140毫秒的延迟是致命的。为了防止意外发生，5G的延迟时间缩短在1毫秒，而对于无人驾驶、工业自动化这些高科技技术，5G的延迟时间可以达到1毫秒以内。

为了缩短信息送达的延迟时间，5G也采用了新的技术。例如边缘计算，在靠近物或者是数据源头的一侧，放置一个可以使用网络、计算、存储等服务的开放性质的平台，为距离较近的客户端提供服务。在边缘侧开始应用程序可以在最短的时间内对服务进行回应，最大可能实现安全实时地传达信息。

（5）万物互联

网络的发展扩大了网络所应用的范围，最初，网络的终端都是人，后来网络的终端可能是物，例如机器人、程序等。5G的到来会再次扩大网络的应用范围，5G可能应用到家居或者工作中的任何一个物体上，空调、沙发、冰箱、窗户等都有可能使用5G网络，可以说，5G网络会无处不在。这也意味着网络终端在范围方面从有限走向无限，在数量上也从可数走向不可数，使用的物品也都从人工走向智能。

（6）安全系数高

互联网的使用开辟了新型的信息传输，可以做到文件共享。虽然在工作中提供了方便，不过安全性系数并不是很高。随着网络的发展，用户对网络的要求也越来越高，不仅要求速度，还要求安全性。

如今的网络实现了从传统互联网到智能互联网的过渡，智能互联网安全性高，速度快，使用方便。5G拥有一个安全体系，可保障用户使用网络的安全。

因为使用范围广泛，所以潜伏的危险也会多，假如不建立一套预防体系，其带来的负面影响也是很大的，尤其涉及大众生命、财产、信息安全时，更应该以安全为前提，让用户放心。

因为5G可以实现万物互联，人在修复的过程中可以直接听取专家的意见进行指挥，每一个指令是根据专家给出的准确经验，可以更加精确地完成故障的修复。

工厂维护模式的全面升级会极大限度上提高工厂的工作效率，减轻工作人员的负担，生产工厂将会是一个被赋予智慧的工厂。

第 **4** 章

理财经济学

每天学一点经济学，轻松理财让财富倍增

理财与经济学息息相关，做理财必须懂得最基本的经济学常识，例如如何精算成本，如何使收益最大化，如何有效控制风险等。甚至基金、股票等本身就属于经济学的一个分支，要想在这些领域游刃有余，掌握必要的经济常识是前提。

34. 复利：威力巨大的财富增值工具

有一句著名的话：复利是世界第八大奇迹，其威力比原子弹更大。那么什么是复利呢？让我们一起来看下面的例子。

案例1

如果你有1万元，拿来买年化收益率5%的短期理财产品，10年后会变成1.63万元，20年后会变成2.65万元，30年后会变成4.32万元，50年后会变成11.47万元。如果你投资了年化收益率10%的基金或中长期固收类产品，那么10年后会变成2.59万元，20年后会变成6.73万元，30年后会变成17.45万元，50年后会变成117.39万元。如果你投资了年化收益率20%的长期资本产品，那么10年后会变成6.19万元，20年后会变成38.34万元，30年后会变成237.38万元，50年后会变成9100.44万元。恭喜你，你靠投资成了千万富翁！

从上面的例子，我们不难看出，在复利中，资产期末最终价值受到三个因素影响：本金、收益率和时间长短。本金越多，复利率越高，时间越长，那么最终的资产价值将越高。用公式表示是：

$$最终收益 = 本金 \times （1 + 收益率）^{时间}$$

（1）本金

影响复利收益的第一个因素是本金。这个理解起来很简单，本金越多，最终收益就会越多。假设一个人，从20岁开始，把10万元投资年化收益率10%的产品，40年后他能获得本利和452.59万元；如果他期初投入的是20万元，则到期后他将获得905.19万元。可以看出，随着本金增长一倍，最终本利和也差不多增长了一倍。

（2）时间

假如有两个人，各自都有10万元钱，一起投资年化收益率10%的产品，一个人从20岁开始投资，投资10年，另一个人也从20岁开始投资，投资40年。我们来看一下，当他们到60岁各自都有多少钱呢？60岁的时候，投资10年的那个人会获得本利和21.94万元，而投资40年的人会获得惊人的452.59万元！

所以，你看到了吗？本金和年化收益率相同，投资时间只相差4倍，但最终本利和却相差了约20倍！

（3）收益率

收益率是影响最终收益的第三个重要因素。如果上面投资40年的人，改投资年化收益率20%的产品，也是投资到60岁，那么最终他会获得本利和14697.72万元；如果改投资年化收益率5%的产品，投资到60岁会获得本利和70.4万元。可以看出，收益率增加一倍，但最终本利和却增加了不止一倍。

所以，通过上面的各种比较，我们可以看出，本金对最终本利和的影响不如收益率、投资时间的影响来得大。那你可能会说：

"那好，我知道了，我找一个年化收益率20%的产品，从刚进职场开始投资，到我退休，我就发财了！"但事实真的有这样简单吗？不！首先，年化收益率20%的产品很少，就算你找到，也不能保证它每年都保持这样的高收益率，除非你真的能找到每年固定20%年化收益率的无风险产品。其次，我们还要对抗人性的弱点。亚马逊公司创始人杰夫·贝佐斯曾问过世界著名投资商沃伦·巴菲特："你的投资理念非常简单，为什么大家不直接复制你的做法呢？"巴菲特回答："因为没有人愿意慢慢变富。"

在现代社会，互联网高速发展，我们每一个人在享受互联网带来的便利，也在接受互联网带来的负面影响。每一天，大量的信息将我们包围，部分人也因此变得浮躁、焦虑，明明知道自己需要行动，却迟迟不愿意开始，因为不愿意等待，瞻前顾后，生怕受到伤害。就这样，有的人每天都在被时间、金钱、知识反向"复利"影响着。我们要改变现状，就必须要利用复利的正向作用，接受慢慢地、长久地改变自己。

35. 马太效应：让钱去赚钱

1897年，意大利经济学者帕累托偶然注意到19世纪英国人的财富和收益模式。

通过调查取样，他发现大部分的财富流向了少数人手里。同时，他还从早期的资料中发现，在其他的国家，都存在这种微妙关系，而且在数学上呈现出一种稳定的关系。于是，帕累托从大量具体的事实中发现：社会上20%的人占有80%的社会财富，即财富在人口中的分配是不平衡的。

这就是著名的"二八定律"，也是从侧面佐证了"马太效应"的存在。1968年，美国科学史研究者罗伯特·莫顿首先用"马太效应"概括这样一种社会心理现象：相对于那些不知名的研究者，声名显赫的科学家通常得到更多的声望；即使他们的成就是相似的，同样，在一个项目上，声誉通常给予那些已经出名的研究者。

最初，马太效应指的是任何个体、群体或地区，在某一个方面，比如金钱、名誉、地位等，获得成功和进步，就会产生一种积累优势，就会有更多的机会，取得更大的成功和进步。后来，马太效应被经济学家们所用，来反映"强者恒强、弱者恒弱"，财富与收入分配不公的现象。

案例2

从前，一个国王要出门远行，临行前，交给3个仆人每人1锭银子，吩咐道："你们去做生意，等我回来时，再来见我。"国王回来时，第一个仆人说："主人，你交给我的1锭银子，我已赚了10锭。"于是，国王奖励他10座城邑。第二个仆人报告："主人，你给我的1锭银子，我已赚了5锭。"于是，国王奖励他5座城邑。第三仆人报告说："主人，你给我的1锭银子，我一直包在手帕里，怕丢失，一直没有拿出来。"

于是，国王将第三个仆人的1锭银子赏给第一个仆人，说："凡是少的，就连他所有的，也要夺过来。凡是多的，还要给他，叫他多多益善。"

上面的故事描述的就是马太效应，反映当今社会中存在的一个普遍现象，即赢家通吃。马太效应在社会、股市、教育、经济各个方面都存在得相当明显。

对于普通人而言，利用马太效应，我们可以尽早让钱流动起来，利用复利让钱赚钱。比如，刚踏入社会时，大家都站在同一条起跑线上，第一笔启动资金非常重要，我们或可以开源节流，尽量提高每个月的固定收入，或可以运用现金流量表、家庭日记账等简单工具，切实降低生活成本，或可以通过合理借贷的方式，获取赚钱的初始资金。等到家庭财富良好运作起来，再利用马太效应，将部分资金用于投资，让钱为你所用，让钱替你赚钱，这样才能事半功倍。

根据马太效应，我们可以注意以下两点。

（1）我们需要首战即胜

左丘明的《曹刿论战》有一名言："夫战，勇气也。一鼓作气，再而衰，三而竭。"我们每个人不管身处职场、校园，都必须快速获得第一场胜利，才能会"强者恒强"。为什么说"优秀的人会一直优秀""优秀是一种习惯"？因为，马太效应告诉我们普通人想要成功，你至少得成功一次，只有成功过一次，你才能成为强者，你才能越来越强。

（2）在需要兼顾公平的领域，要避免马太效应

虽然马太效应有积极的影响，但在科研、医疗、教育等需要兼顾公平的领域需要避免马太效应。比如：在科研领域，科研经费往往都集中在有影响力的学者手里；在学校，老师往往会更加关注那

些学习好的孩子；在医院，低收入者往往享受不到高质量的医疗资源。这些都是需要避免和解决的问题。

36. 储蓄：个人理财的第一步

2020年掀起的股市浪潮让越来越多的年轻人开始谈论理财，社会上各种各样的理财培训层出不穷。著名美国经济学家彼得·希夫与安德鲁·希夫在《小岛经济学》全方位地表述了储蓄的重要性，储蓄对于整个经济发展有着重要的推动作用，对于个人来说也是创造更多财富必须要做的一种准备。

案例3

2020年初，一场新冠肺炎疫情让美国人知道了储蓄的重要性。《华尔街日报》这样写道。

尽管新冠肺炎病毒大流行给美国的就业市场造成了巨大冲击，许多人甚至不得不依靠政府救济为生，但疫情导致的大封锁也带来了一个意想不到的效果：许多纽约人的家庭存款正在不断增加。

Mint是一款拥有超过1500万美国用户的预算跟踪和计划应用程序，它的数据显示：2020年4月到6月，纽约市用户的净现金流，即总收入减去总支出，平均每月为1644美元，与去年同期的数据"-110美元"形成了鲜明的对比。

据Mint统计数据显示，与去年同期相比，纽约用户最大的支出下降主要集中在三个领域：娱乐（-34%）；个人护理（-35%）；旅游（-53%）。与此同时，大通银行表示，通过移动自动储蓄功能设置自动储蓄计划的纽约市客户，6月份的储蓄量比2月份增加了近20%。

原本，与许多国家的民众相比，美国人真的不太爱储蓄。有人认为相对完善的社会保障体系让美国民众没有后顾之忧，但很多经济学家却指出，欧洲国家社会保障体系比美国更加完善，但储蓄率却更高。实际上，随着1980年代美国进入廉价信用时代，半数以上的美国家庭都投资股票、基金等各类金融产品，甚至美国养老金计划就是建立在股票投资而非储蓄基础上的，股票长期以来一直是美国人退休保障的"主角"。

过去几十年里，美国的经济环境一直在鼓励民众"变储蓄为消费与投资"。但新冠肺炎疫情考验着所有家庭的风险承受能力，美国人民开始意识到储蓄的重要性，并且随处可见人们聚集在一起大谈阔谈"理财经"，或者是各类金融机构组织的名目繁多的理财培训活动，市场上已然掀起了一股理财热潮。

反观我国，原本按照老一辈中国人的习惯，家里有了闲钱总喜欢存银行，虽然存款利率不算特别高，但换成银行卡或者存单拿在手上，觉得心里踏实。很多研究也都指出，中国的居民储蓄率明显高于世界上其他绝大多数国家和地区。

为什么后来中国人越来越不热衷于在银行存款了？很大程度上是因为我国经济增长迅猛，资本市场等其他收益率更高的理财渠道更受人民青睐。但随着新冠肺炎疫情暴发，越来越多的人开始反思，储蓄还是我们的"保底"理财手段，是维持一个家庭健康现金流的支柱。就像理财业内人士常常挂在嘴边的"理财三句话"：每月把收入的30%用来储蓄，先储蓄、后消费；一定要投资，并且最好投资年综合年化回报率在10%以上；持之以恒，不论是储蓄还是投资，必须坚持10年以上。

世界著名投资人沃伦·巴菲特曾在他的书里有一段关于储蓄的描述：

我6岁开始储蓄，每月30元，到13岁时有了3000元，买了一只股票，就这样坚持储蓄、投资了80年，在85岁时，一度成为美国首富，与微软公司创始人比尔·盖茨不相上下。

从上面的故事，我们不难看出储蓄是理财的第一步，没有储蓄，何谈理财？就像你开一个公司，必须要先有启动资金。

了解了储蓄的重要性，我们应该这样开始储蓄：

（1）量入为出，杜绝提前消费

很多人认为自己收入不高，根本没有能力去储蓄。这个想法本身是错误的。只要你的收入在满足基本生活后有一定的剩余，你就有能力储蓄。收到工资后先存一笔定期，比如工资的10%、20%、30%，视情况而定。很多人，每月不只"月光"，还会使用花呗、借呗等，应学会量入为出。

（2）分清负债与资产

我们每个人都必须清楚资产与负债的区别。什么是资产？钱的走向是自己的腰包，就是投资，比如房产、定投基金。什么是负债？钱的走向是别人的腰包，就是负债，这里有个非常迷惑的点：
买车。看起来车是你的，钱也还是你的。但实际上车相当于负债，
从购买的那刻起，就要不断为它支付各种费用，而你很难从车上获
取收入。

37. 股票：高风险高收益的理财方式

在开启本节内容前，让我们一起来回顾一下2020年的资本市场。

> **案例4**
>
> 　　2020年初，一场突如其来的新冠肺炎疫情席卷全球，对各
> 个国家的实体经济造成了严重打击。随着这只"黑天鹅"降
> 临，2020年世界各国股市疯狂下跌，尤其是美国股市，当年的
> 2月至3月份各大指数疯狂下跌。但随着各国快速进行货币政
> 策、财政政策上的反应，资本市场迅速走出困境，交易量在随
> 后几个月再次攀升至天量。华尔街评价这场暴跌是"历史上最
> 快的熊市"。

从上面的案例，我们不难看出，股票是一种高收益高风险的资
本产品，其波动幅度非常大，风险也很高，投资股票需要极高的专
业能力。

股票，也被称作发行的所有权凭证，指的是股份公司为筹集资
金而发行给各个股东作为持股凭证并借以取得股息和红利的一种有

价证券。股票是资本市场的长期信用工具，可以转让、买卖，股东凭借它可以分享公司的利润，但也要承担公司运作错误所带来的风险。

每一股股票都代表股东对企业拥有一个基本单位的所有权，同类型的股票享有同样的权利，即我们通常说的"同股同权"。股票是一种风险较高的资本产品，对于普通人而言，操作难度较大。根据中国证监会公开披露，一般来说，投资者进入股市，可能会遇到以下三类风险：

（1）系统性风险

股市是"国民经济的晴雨表"。宏观经济形势的好坏，财政政策和货币政策的调整，政局的变化，汇率的波动，资金供求关系的变动等，都会引起股票市场的波动。对于证券投资者来说，这种风险是无法消除的，投资者无法通过多样化的投资组合进行证券保值。这就是系统性风险存在的原因。系统性风险主要由政治、经济及社会环境等宏观因素造成，其构成主要包括以下五类。

① 政策风险。政府的经济政策和管理措施可能会造成证券收益的损失，这在新兴股市表现得尤为突出。经济政策的变化，可以影响到公司利润、债券收益；证券交易政策的变化，可以直接影响到证券的价格。而一些看似无关的政策变化，比如有关私人购房的政策，也可能影响证券市场的资金供求关系。因此，每一项经济政策、法规出台或调整，对证券市场都会有一定的影响，有的甚至会产生很大的影响，从而引起市场整体的较大波动。

② 利率风险。不同的金融工具，存在着不同的风险和收益。即使是像国债这样几乎没有信用风险的债券，也不是什么投资风险也没有。假如，十年前你购买了一种面值1000元，年息10%利率的

债券，到现在，如果其他债券都支付12%的年利，你就不可能再以1000元的面值将这种债券卖给别人。你的售价肯定会低于面值，使得其实际收益率达到12%的水平。这种由于未来利率变化的不确定性，而导致债券贬值的风险，便是债券的利率风险。

在证券交易市场上，证券的交易价格是按市场价格进行，而不是按其票面价值进行交易的。市场价格的变化也随时受市场利率水平的影响。一般来说，市场利率提高时，证券市场价格就会下降，而市场利率下调时，证券市场价格就会上升，这种反向变动的趋势在债券市场上尤为突出。

③ 购买力风险。在现实生活中，每个人都会遇到这样的问题，由于物价的上涨，同样金额的资金，未必能买到过去同样的商品。这种物价的变化导致了资金实际购买力的不确定性，称为购买力风险，或通货膨胀风险。

同样在证券市场上，由于投资证券的回报是以货币的形式来支付的，在通货膨胀时期，货币的购买力下降，也就是投资的实际收益下降，将给投资者带来损失的可能。

④ 市场风险。市场风险是证券投资活动中最普遍、最常见的风险，是由证券价格的涨落直接引起的。尤其在新兴市场上，造成股市波动的因素更为复杂，价格波动大，市场风险也大。因此，盲目的股票买卖是要不得的。

⑤ 股灾。股灾是股市灾害或灾难，是指股市内在矛盾积累到一定程度时，由于受某个偶然因素的影响，突然发生股价暴跌，从而引起社会经济巨大动荡，并造成巨大损失的异常经济现象。股灾不同于一般的股市波动，也有别于一般的股市风险，具有突发性、破坏性、联动性、不确定性的特点。股灾对金融市场的影响巨大，

它的发生往往是经济衰退的开始。

（2）非系统性风险

单个股票价格同上市公司的经营业绩和重大事件密切相关。公司的经营管理、财务状况、市场销售、重大投资等因素的变化都会影响公司的股价走势。这种风险主要影响某一种证券，与市场的其他证券没有直接联系，投资者可以通过分散投资的方法，来抵消该种风险。这就是非系统性风险。非系统性风险因此也可称为可分散风险，主要包括以下四类。

① 经营风险。经营风险主要指公司经营不景气，甚至失败、倒闭而给投资者带来损失。公司经营、生产和投资活动的变化，导致公司盈利的变动，从而造成投资者收益本金的减少或损失。例如经济周期或商业营业周期的变化对公司收益的影响，竞争对手的变化对公司经营的影响，公司自身的管理和决策水平等都可能会导致经营风险。

② 财务风险。公司的财务风险主要表现为无力偿还到期的债务，形成财务风险的因素主要有资本负债比率、资产与负债的期限、债务结构等因素。一般来说，公司的资本负债比率越高，债务结构越不合理，其财务风险越大。投资者在投资时应特别注重对公司财务风险的分析。

③ 信用风险。信用风险也称违约风险，指不能按时向证券持有人支付本息而使投资者造成损失的可能性。主要针对债券投资品种，对于股票只有在公司破产的情况下才会出现。造成违约风险的直接原因是公司财务状况不好，最严重的是公司破产。因此不管是对债券还是股票的投资，投资者必须对发行债券的信用等级和发行

股票的上市公司进行详细了解。知彼知己，方能百战不殆。

④ 道德风险。道德风险主要指上市公司管理者的道德风险。上市公司的股东和管理者是一种委托—代理关系。由于管理者和股东追求的目标不同，尤其在双方信息不对称的情况下，管理者的行为可能会造成对股东利益的损害。

（3）交易过程风险

如果说，上述两类风险使投资者每天都要面对股价的涨跌变化，那么，股票投资运作的复杂性则使投资者面临另一种风险，即投资者由于自己不慎或券商失责而招致股票被盗卖、资金被冒提、保证金被挪用等。

对于前两类风险，广大投资者应多学习证券市场投资知识，多了解、分析和研究宏观经济形势及上市公司经营状况，增强风险防范意识，掌握风险防范技巧，提高抵御风险的能力。针对第三类风险，提醒您注意有关事项，学会自我保护，尽可能地降低交易过程风险。

38. 基金：风险回报皆适中

案例5

在支付宝理财智库主办的2020夏季论坛上，西南财经大学中国家庭金融调查与研究中心联合蚂蚁集团研究院共同发布第二季度中国家庭财富指数报告显示：中国人在线理财需求大增，存钱意愿降低，更愿意拿钱去买基金而非炒股。2020年新增"基民"中，30岁以下的90后占到了一半以上。

同时，Wind数据也显示，自2020年1月份以来，中国股市规模增速下滑，基金规模增速提升。以4月为例，股市规模环比增速为5.2%，基金规模环比增速则达到6.9%。而2020年新增"基民"中，年轻化趋势明显，他们也更愿意追投基金。

看了上面的描述，你肯定要发问了，为什么喜欢高风险、高收益的年轻人现在反而偏爱基金？基金有什么优势？对此，蚂蚁集团数字金融财富事业群总经理认为：愿意选择基金而非股票，说明众多个人投资者越来越理性了。

资本市场瞬息万变，信息极度不对称，而资本市场有成千上万只股票，我们普通人可能不知道怎么选行业并判断市场走势，而如果把资金托付给基金管理人打理，他们则可以发挥专业能力，帮助我们更好地参与资本市场的投资。

虽然基金相较于股票而言数量少很多，但我们还是要根据自身情况，选择适合自己性格、承受能力、喜好的基金进行持有，让我们来看一下市面上都有哪些种类的基金。

（1）按投资方向分类

依据投资方向来分类，基金可以分为货币型、债券型、股票型和混合型。

① 货币型基金：以短期国债、中央银行票据、银行存款等货币市场工具为投资对象。货币市场基金只能以货币市场工具为投资对象。这类基金收益相对稳定，流动性较强，可随时存取。

② 债券型基金：绝大部分资金都投资于债券，债券投资比例为总资金的80%以上。这类基金相对来说比较安全，但收益率也相对较低。

③ 股票型基金：绝大部分资金都投资于股票，股票投资比例占基金资产的80%以上。这类基金属于高风险高收益型。

④ 混合型基金：这类基金可以投资股票也可以投资于债券，甚至货币，资产的配置相对比较灵活。其风险低于股票型又高于债券型。如果股票配置比例较高，就叫偏股型基金；如果债券配置比例较高，就叫偏债型基金；如果股票和债券的配置比例差不多，就叫股债平衡型基金；而灵活配置型基金没有具体的比例，会根据市场状况灵活调整配置。

（2）按投资理念分类

依据投资的理念来分类，基金可以分成主动型和被动型。

① 主动型基金：以获取超越业绩基准的超额收益为目标，由基金经理主动投资管理，所以受基金经理个人风格影响比较大，属于高收益高风险的基金。主动型基金适合于想在短期波动中寻找超额收益的人。

② 被动型基金：又称为指数基金，是指被动跟踪某一市场指数，以获取一个市场平均收益为目标。这类基金几乎不受基金经理的操作影响，并且长期看来，指数是不断上涨的，适合于想在长期定投中获益的人，也是深受巴菲特喜爱的一种投资方式。

（3）按交易渠道分类

根据基金交易渠道的不同，基金可以分为场内基金和场外基金。

① 场内基金：证券交易所上市，就是我们平时说的股票市场，也称为二级市场。目前中国内地有两家证券交易所：上海证券交易所和深圳证券交易所。

② 场外基金：股票交易市场之外的市场。场外基金的买卖平台很多，包括银行、证券公司、基金公司和第三方销售机构，但要注意不同渠道的申赎手续费不一定相同。比如：我们在天天基金、支付宝上买到的基金基本上都属于场外基金。

（4）按募集方式分类

根据基金募集方式的不同，基金可以分为公募基金和私募基金。

① 公募基金：采取公开发售的形式，向广大社会公众募集资金，公募基金的投资门槛很低，10元甚至1元都可以参与投资，适合广大中小投资者。我们平时买的基金基本都是公募基金。

② 私募基金：采取非公开的方式，向少数特定投资者募集资金。私募基金的投资门槛很高，一般最低投资金额在100万元以上，适合机构投资者和高净值人士参与。

（5）按运作方式分类

根据基金运作方式的不同，基金可以分为封闭式基金和开放式基金。

① 封闭式基金：基金份额在基金合同期限内固定不变，即基金募集结束后不再接受投资者的申购或者赎回份额，但基金份额可以在证券交易所上市交易。封闭式基金规模固定、申购赎回时间固定，有点类似定期存款。

② 开放式基金：基金份额不固定，在基金合同约定的时间，都可以向基金公司申购或者赎回份额。开放式基金也可以在证券交易所上市交易，规模不固定，随时可以申购和赎回。

学习了基金的知识，我们可以这样挑选基金：

（1）查看基金的持仓内容

就像面试一样，我们挑选一只基金，就要看看它的履历、成分、潜力。我们需要在购买基金前，通过基金档案，来查看基金的购买比例及重仓持股情况，一些很冷门板块的基金不建议新手购买。

（2）查看基金经理

选择基金最重要的一步查看一下基金经理是谁，他的任职情况如何，以及他所管理的基金的利润情况如何。要知道，有些基金在以前年度利润非常不错，可是不排除中途会有更换基金经理的情况发生，这一点是非常需要我们留意的。

（3）选择完毕后，长期持有，切忌频繁更换基金

投资基金和投资股票不同，是一项长期投资活动。根据相关调查，投资者对基金持有时间越长，正收益概率越高。比如：持有时长超过2年，一级债基和长期纯债正收益概率就能达到100%；二级

债基需要的时间是5年以上，但其实在持有3年之后，正收益概率也能达到99%；偏债混合型基金所需时长最长，为8年以上。

所以，我们买完基金后，如果短时间内，基金涨了，除非你实在是有资金需求，否则不建议随便抛售。

39. 期货：四两拨千斤的杠杆理财

对于我们普通大众，提到股票、基金，可能还能略知一二，但提到期货，可能就不太了解了。期货好像离我们生活太远了，期货到底是什么？让我们一起来看下面这样一个故事。

> **案例6**
>
> 小王是农民，种了很多梨树，梨将在3个月后成熟，约有十万斤（1斤＝500克）。虽然去年价格不错，收购价是3元/斤，但是小王担心梨的价格今年会跌，就到市场交易管理处，签了一份未来出售梨的合约。
>
> 合约内容如下：3月后，卖出A级翠冠梨，十万斤，每斤价格3元，共30万元。
>
> 小李开了一家果汁铺，要提前备货生产果汁，需要十万斤梨。现在不准备，3个月后果汁销售旺季可能就买不到梨了。如果梨收成不好，价格还要大涨。所以，小李就到市场交易管理处，想签一张3月后交货的合约。
>
> 市场管理处一看，小王和小李正好可以撮合在一起，于是

就让小李先交10%的定金，三个月后再给剩下的27万元。

两个月后，梨生长得很好，预计会丰收，市场上梨价格跌为2元/斤。于是，在三个月到期前，小李有以下三种选择：

① 违约，付出10%共3万元的定金作为违约赔偿，亏损3万元；

② 转手卖掉合同，凑巧有人愿意以2.8元/斤收购合约。原合同价格30万元，小李亏损2万元；

③ 等到正常交货，如果交货的时候梨2.6元/斤，那么小李就亏损4万元；如果梨长势不好，价格涨为5元/斤，那么小李就会赚了。

无论是小王还是小李，他们都是为了规避价格波动而造成的损失。实际上，3元/斤是他们的理想价格，无论未来梨价格的涨跌。

慢慢地，市场上像小王、小李的人越来越多，市场管理中心决定细化管理，旗下成立期货交易所。期货交易所将小王、小李签的合同标准化，规定了可作为期货交易的品种、合约的单位、物品质量，交割时间等。

在实物交割前三个月中，梨的价格是会波动的，这样就有赚钱的机会。不久，有一批人来到期货交易所，要求买入或卖出合约，他们就被称作期货投资者。因为觉得他们投资的单子太小，难以管理，于是干脆发牌照，让别人组建机构，想要投资期货合约的投资者必须在有牌照的机构开户，缴纳手续费，由机构作为单位在期货交易所交易。于是，期货公司诞生了。

在现实生活中，在期货交易所里，上面的梨可以是棉花、大豆、石油等实物，也可以是股票、债券等金融资产。期货指的就是以这些为标的的标准化可交易合约。

期货市场最早诞生于欧洲，早在古希腊和古罗马时期，就出现过中央交易场所、大宗易货交易，以及带有期货贸易性质的交易活动。20世纪90年代，我国现代期货交易所诞生。目前，中国内地有上海期货交易所、大连商品交易所、郑州商品交易所和中国金融期货交易所4家期货交易所，其上市期货品种的价格变化对国内外相关行业产生了深远的影响。

想要学习期货，就必须了解期货合约的五大特点：

① 期货合约的商品品种、交易单位、合约月份、保证金、数量、质量、等级、交货时间、交货地点等条款都是既定的、标准化的，唯一的变量是价格。期货合约的标准通常由期货交易所设计，经国家监管机构审批上市。

② 期货合约是在期货交易所组织下成交的，具有法律效力，价格则是在交易所的交易厅里通过公开竞价方式产生的。国外大多采用公开叫价方式，我国则采用电脑交易。

③ 期货合约的履行由交易所担保，严禁私下交易。

④ 期货合约可通过交收现货或进行对冲交易来履行或解除合约义务。

⑤ 期货合约最大的特点就是保证金交易。简单来说，如果投资者想要购买某种合约，需要100万元，但本身只有10万元本金，现在市场上有配资公司愿意提供10倍杠杆给投资者，即投资者把10万元本金作为保证金，可以获得100万元的购买力用来投资期货合约。

如果接下来这份合约涨了10%，即为投资者赚取10万元，那么投资者的实际资金回报率是：10万元除以10万元，即100%。如果投资者不用10倍杠杆，那么他只能获得10%的收益率，这就是说投资者利用10倍杠杆放大了自己的收益率。但值得注意的是，如果这份合约亏损10%，即投资者亏损10万元，那么就会触及保证金平仓点，配资公司会在此时收回杠杆配资，并同时将保证金10万元收回。如果投资者不用10倍杠杆，那么他原本只会亏损本金的10%，但在10倍杠杆下，他则会将本金全部亏损完。

期货合约被称为"四两拨千斤"的理财，就是因为它本身自带杠杆属性。

根据标的不同，期货合约可以分为以下五种。

（1）商品期货

商品期货可以分为：工业品，如贵金属商品、非贵金属商品、能源商品等工业品；农产品，如大豆、豆油、豆粕；其他商品期货。

（2）金融期货

主要是传统的金融工具，如股指、利率、汇率等。

（3）股指期货

以全球股市的各类指数为标的的期货，如英国FTSE指数、德国DAX指数、东京日经平均指数、香港恒生指数、沪深300指数。

（4）利率期货

以债券类证券为标的物的期货合约，包括短期利率期货、长期利率期货，前者大多以银行同业拆借中场3月期利率为标的物，后者大多以5年期以上长期债券为标的物。

（5）外汇期货

又称为货币期货，是一种在最终交易日按照当时的汇率将一种货币兑换成另外一种货币的期货合约，是指以汇率为标的物的期货合约，用来回避汇率风险。它是金融期货中最早出现的品种。

总而言之，期货的复杂程度远远超过股票和基金，期货合同价格的波动幅度远超股票与基金，对于投资新手来说，并不建议第一次投资产品就选择期货。

考虑到期货合约的波动性与风险，建议投资者遵循下面的原则。

（1）保本第一，分散投资

被称作"股神"的巴菲特的投资原则人人皆知：第一条，不要亏钱；第二条，不要亏钱；第三条，牢记前两条。很多人在收益猛增的时候，"杀"红了眼，不懂得及时止盈，而等到亏损严重时，才忍痛止损，这就是资本市场里最常见的"追涨杀跌"，以这样的心态进入资本市场投资，很难会有好结果。

同时，建议每个家庭在进行资产配置时，采用"4321"理财法则，即40%的家庭收入用于房地产、资本工具等投资，30%用于日常生活开支，20%用于储蓄等流动性强的资产投资，10%购买保险。分散投资对于普通家庭而言是最佳投资方式。

（2）任何时刻都要对市场心存敬畏，记住见好就收

华尔街策略师曾这样建议：当市场行情在同一个地方走得太远

时，它们倾向于回归到长期趋势。警惕市场的狂热，因为当市场冷却时，散户通常是最后了解并卖在更低价的。部分人就是由于贪婪，期望获得更大的收益，结果才损失很多。而更多的聪明人懂得"见好就收"，抓住一切小钱，才能赚到大钱。

40. 投资组合：别把鸡蛋放一个篮子里

做投资的人几乎都听过这样一句话：别把鸡蛋放一个篮子里。如果财产是一筐鸡蛋，必须把它们放在不同的篮子里，万一有一个或几个篮子打翻了，那么你仍然还有其他几个篮子的鸡蛋，至少不会全部打碎。其实，这句话蕴含着深奥的经济学原理。

1990年诺贝尔经济学奖获得者、美国经济学家马科维茨曾说：鸡蛋必须放在不同的篮子里，使你的投资分布在彼此相关性低的资产类别上，以减少总体收益所面临的风险。

在现实生活中，有些人比较保守，把资金都放在银行存款里，或者购买黄金、珠宝，存在保险柜里，觉得这样安全，而且没有风险。这类人都是以本金绝对安全为首要目标的，理财路线极为保守。

有些人则偏好某种单一的投资工具，比如股票、基金，甚至把家中所有资金统统投入，孤注一掷，急于求成。他们对风险的承受能力极高，不害怕损失本金，以追求最大化收益为首要目标，但市面总是有好有坏、波动无常，凭靠一种投资工具的风险未免太大。

还有些人直接是走投机路线的，专门做热门短期投资，比如，期货市场大热，他就把资金投入期货市场。实际上，他们可能面临的风险是最大的，本质上，这并不是投资，而是投机。这种冒着高风险但不愿考虑自身风险承受能力的行为，确实可能让人一夜暴富，但也可能让人瞬间血本无归，倾家荡产。

从上面的比较，我们可以看出，不管我们每个人选择哪一种投资方式，都不能急于求成，更不能"把鸡蛋都放在一个篮子里"，而应该秉承分散风险的观念。

那么所谓的多个"篮子"，也就是投资组合通常包括哪些呢？在现实生活中，投资组合指的是由投资人所持有的股票、债券、金融衍生产品等组成的集合。投资人的目的是分散风险，可以从下面两个方面进行组合。

（1）安全性与收益性的组合

任何理财产品都逃不过"风险与收益成正比"这句话，意思就是，风险越大的产品，收益往往越大，反之，风险越小的产品，收益也往往不那么高。因此，考虑到投资的安全性与收益性，我们需要根据自身风险偏好与收益追求，将高风险、高收益产品与低风险、低收益产品进行组合。

（2）相关性低的产品进行组合

我们要把"鸡蛋"投入不同的"篮子"，还必须要保证"篮子"与"篮子"之间不会彼此磕碰。要知道，任意两个相关性较差或负相关的资产组合，得到的风险回报都会大于单独资产的风险回报。因此，不断组合相关性较差的资产，可以使得组合有效远离风险，不至于"皮之不存，毛将焉附"。

根据风险与收益偏好，投资组合可以分为：激进的、中庸的与保守的。每个年龄段里，每个人的需要不尽相同，没有一成不变的投资组合。投资组合公式为我们提供了各年龄段的最优投资组合建议。

（1）20岁到30岁：风险承受力最强的阶段

对于一个处于20岁到30岁的人来说，风险承受力最强，可以偏向采用较为激进的投资组合。投资老手可以将70%至80%的资金投资证券市场，投资新手则可以将资金的20%投资股票、20%投资基金、20%存放定期存款或购买国债。

（2）30岁到50岁：抗风险能力需要增加

当一个人来到30岁到50岁时，由于成立家庭、职场问题，个人可承担风险的程度需要比上一段期间保守。这期间可以将资金的50%至60%投在证券市场，40%投资于固定收益产品（如银行理财）。投在证券方面的资金可按4：1：1分配于投资股票、投资基金、购买国债。这样在保住本金之余还能多赚些钱，也可留一些现金供家庭日常生活使用。

（3）50岁到60岁：赚钱高峰期，同时控制风险

当一个人来到50岁到60岁时，可能已经步入职场中层，孩子已经成年，父母已经年迈，正是赚钱与用钱的高峰期，所以这个阶段要更加控制风险，并集中精力增加储蓄。比如：将40%的资金投资于证券市场，60%投于有固定收益的投资标的。这样你就可以保本，并留些现金以供退休前的不时之需。

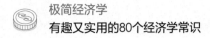

（4）60岁以上：以抗击风险为主

当一个人过了60岁，一个家庭对他的贡献要求会降低，建议将大部分资金存在比较安全的固定收益投资标的上，只将少量的资金投在股票上，以抵御通货膨胀，保持资金的购买力。比如：可以将60%的资金投资债券或固定收益型基金，30%购买股票，10%投于银行储蓄或其他标的。

第 **5** 章

职场经济学

每天学一点经济学,
用经济学思维让自己不可替代

许多刚进入职场的年轻人,怀揣着美好的愿望,希望通过努力让自己变得更好。然而,应对职场竞争往往需要懂点经济学。职场就像一个大市场,有的人面临着完全竞争市场,有的人面临着垄断竞争市场,有的人面临着寡头市场,若未认识到自己所处的市场则可能四处碰壁。

41. 人才经济学：萧何为何月下追韩信？

一直来以来，人才经济学都是一门边缘学科，与人才学和生产力经济学、教育经济学等一系列经济学科密切相关，主要包含以下四个部分研究内容。

（1）研究在社会再生产中，人才再生产所处的地位

人才再生产具有动态与静态两大属性。前者指的是人才再生产具有周期性、系统性、计划性、效益性等特点；后者指的是人才再生产具有专业性、多能性和层次性等特点。

在社会再生产中，人才再生产具有不可替代的地位，它是一种独立的、有意识的社会性生产活动，是从智力素质而非单纯数量上保证生产过程对高质量劳动力的需要。同时，人才再生产是维持智力劳动的必要条件和恢复提高智力的必要因素，能够推动社会再生产顺利高效进行。

（2）对人才再生产过程的研究

与物质资料再生产过程相同，人才再生产过程包括：培养、流通和消费等环节及其循环。其中：

① 人才培养过程包含人才培养的准备、实施与待输出三个环节。

② 人才流通过程包含分配与再分配、流动和组合等环节。

③ 人才消费过程，就是人才使用过程，包含合理使用人才、处理人才与生产资料的关系和与一般劳动者的关系、管理人才的活动等环节。

（3）对人才再生产活动的组织与管理

作为一项社会工程，人才再生产活动的组织管理必须运用系统论、控制论、信息论的观点和方法来进行，并同时注意人才再生产管理同其他管理工作的相关性和区别性，研究人才再生产管理工程的构造、人才再生产活动的计划管理。

（4）人才考核和人才规划

人才考核必须建立和完善能够及时、准确地反映人才再生产活动的考核指标体系。人才规划是对人才再生产全过程进行计划管理的基础和起点。要搞好人才规划，首先要进行人才需求预测。人才需求预测可以运用多种方法，如回归预测法、技术发展预测法等。

对企业人才管理的建议如下。

（1）建立合理的人才激励机制

人才属于企业重要的生产要素，与一般员工不同的是，它的投入产出比是非线性的，因此企业必须注重对人才的投入，可以采取技术入股、期权给予的方式，把报酬与业绩挂钩，形成合理的人才激励机制。

（2）吸引人才既要遵循市场规律，也要重视人文关怀

经济学家贾康曾说：要让人才发挥作用，留住人才不仅需要制度、环境的有效配合，以及必要的物质激励、物质支持，还特别要比拼人文关怀的环境和全方位的服务意识，杜绝繁文缛节、条条框

框、形式主义等弊端，真正营造吸引人才的高水平人文关怀环境，提升人才对企业的忠诚度。

42. 路径依赖：你对自己的工作感到满意吗？

美国心理学家威廉·詹姆斯曾提出一个至今风靡全球的著名心理学理论：形成或者改变一个习惯只需要21天。通俗点说，一旦人们做了某种选择，就好比走上了一条不归之路，惯性的力量会使这一选择不断自我强化，并让你轻易不改变。在经济学中，这样的状况被称为路径依赖。

路径依赖，指的是人类社会中的技术演进或制度变迁均有类似于物理学中的惯性，即一旦进入某一路径，无论是好或坏，就可能对这种路径产生依赖。1993年，美国经济学家道格拉斯·诺斯因为提出路径依赖理论而获得诺贝尔经济学奖。

可不要小瞧路径依赖的威力，一起来看下面的案例。

案例1

现代铁路两条铁轨之间的标准是1.435米，那么，为什么采用这个标准呢？原来，早期的铁路是由建电车的人所设计的，而1.435米正是电车所用的轮距标准。那么，你又会问，电车的标准又是从哪里来的呢？最先造电车的人曾经是造马车的，所以电车的标准是沿用马车的轮距标准。

那么，你继续问，马车为什么要用这个轮距标准呢？因为英国马路辙迹的宽度是1.435米，所以，马车的轮距最好与辙迹吻合，不然它的轮子很快会在撞击中损坏。

你会再问道，这些辙迹又是怎么来的呢？答案是：从古罗马人那里来的。因为整个欧洲，包括英国的长途老路都是由罗马人为他的军队铺设的，而1.435米正是罗马战车的宽度。你最后问道，罗马人为什么以1.435米为战车的轮距宽度呢？其实原因很简单，这是牵引一辆战车的两匹马的屁股的宽度。

你觉得这就完了？不，故事到此还没有结束！

美国航天飞机燃料箱的两旁有两个火箭推进器。因为这些推进器造好之后要用火车运送，路上又要通过一些隧道。而这些隧道的宽度只比火车轨道宽一点，因此火箭助推器的宽度受限于铁轨的宽度。所以，最后的推理结论是：路径依赖导致了美国航天飞机火箭助推器的宽度由2000年前的两匹马屁股的宽度来决定。

这是不是让你觉得非常神奇？不难看出，如果人们沿着正确的既定路径，不管是经济政治或是个人选择，都可能进入良性循环的轨道，迅速优化，但一旦走入错误路径，也可能顺着原来的路径往下滑，甚至被"锁定"在某种无效率的状态下，导致停滞，想要脱身就会十分困难，最终甚至会走进一条死路，比如下面的实验。

案例2

科学家将5只猴子放在一个笼子里，并在笼子中间吊上一串香蕉，只要有猴子伸手去拿香蕉，就用高压水教训所有的猴子，最后没有一只猴子再敢动手。

随后，科学家放进一只新猴子，替换出笼子里原来的一只老猴子。新来的猴子不知道这里的"规矩"，本能地去够香蕉，结果触怒了原来笼子里的4只老猴子，于是它们代替人执行惩罚任务，把新来的猴子暴打一顿，直到它服从这里的"规矩"为止。

科学家如此不断地用新猴子将笼子里的老猴子换出来，最后笼子里的猴子全是新来的，但却没有一只猴子再敢去碰香蕉。

最后，科学家们分析，一开始，老猴子怕受到"株连"，不允许新猴子去碰香蕉，这是合理的。但后来人和高压水都不再介入，新来的猴子却固守着"不许拿香蕉"的制度不变，这就是路径依赖的自我强化效应。

其实，我们可以将上面例子里的笼子看作职场，新猴子是新来的员工，老猴子是入职很久的老员工。一般每年新员工入职都会有老员工来培训，新人们朝气蓬勃、初生牛犊不怕虎，但很快他们就发现了，如果不加入"老油条"的大流，自己可能很快会被边缘化，所以他们放弃入职前的雄心壮志，甘愿被同化，不敢表露出与大部队的一点不同，这样的情况在职场上屡见不鲜。显而易见，这对企业来说，不是一件好事。

路径依赖对我们的启示如下。

（1）合理使用一万小时定律

格拉德威尔在《异类》指出了著名的"一万小时定律"：人们眼中的天才之所以卓越非凡，并非天资超人一等，而是付出了持续不断的努力；对于一个领域，要想达到专业，你一定要集中精力，尽力成为这方面的专家。至少要聚焦一万个小时。一万小时定律是路径依赖积极一面的表现，我们要利用路径依赖的正面作用，选择好跑道，坚持深耕，把注意力放在提升自己的核心竞争力上，才能在职场上不被替代。

（2）时刻保持清醒的头脑，及时纠偏

现代职场，很多人抱怨工作没有激情，其实他们自身也有一部分原因。很多人选择一份工作，只是为了生存或报酬。而我们真正要做的是，时刻保持头脑清醒，及时纠偏，找到自己真正想走的路，然后迅速让自己过渡到正确的路径上来，切记不可让自己在错误的路上继续平庸与颓废下去。

43. 择业经济学：何谓热门与冷门？

据一份对上海10所大学在校生的调查显示，竟然有65.8%的学生对自己所选专业表示后悔。同时，在对100个工作半年到3年的人的职业规划进行统计后，发现竟然有高达75%的人因大学专业选择失误导致职业定位不清，遭遇发展瓶颈。

为什么会存在这样的现象呢？因为很多人在择业过程中进入了以下两个误区。

（1）信息不对称造成对专业的误解

在网络上曾流传着这样一个笑话：

一个学习计算机的学生抱怨："无语，我学的是计算机专业，每次放假回家的时候，亲戚都跑来问我会不会修电脑，我要是说不会的话，他们还会问我这几年在学校干啥了，几乎每个假期回家都会被问到，弄得我现在都不想放假了。"

现实生活中，像上述案例里对专业存在误解的情况比比皆是。每年高考结束，考生填报志愿，因为信息不对称，很多考生报考的专业其实并不是自己真正想要的。比如，提到环境科学，有的人就觉得是去处理污水的，工作环境肯定很脏，工作肯定很累。实际上，环保职业被评为21世纪最热门的职业之一，随着"绿色科技"兴起，毕业后，环境科学专业毕业生在市场上需求量很大，未来主要从事环境科学研究、环境监测与评价、环境工程和给水排水工程的规划等。

所以，我们从高考报志愿起，就应该提前了解专业将要教授的课程、未来的就业方向，看是否与自己的兴趣爱好匹配等，让自己做出无悔的选择。

（2）跟风报考热门专业

很多人在报考志愿时会选择那些所谓的热门专业，但四年大学毕业后却发现人才市场上这些曾经的大热专业已经鲜有人问津。到底什么是热门专业，什么又是冷门专业呢？一起来看下面的故事。

案例3

　　2011年，小王从上海某名牌大学毕业，所学专业正是时下热门的国际贸易专业。在人山人海的招聘会上，他信心满满地去求职，但递交了几十份简历、经历了多次面试，却统统没有下文。不仅如此，他还发现其他同一专业的同学似乎也遇到了同样的困难。小王疑惑不解：当初高考报志愿时国际贸易不是热门专业吗？为什么会出现求职难的问题？

　　确实，四年前，国际贸易看上去非常热门，录取分数线比其他专业都高了不少，但现在很多毕业生却都很难找到工作。这一方面是因为金融危机的影响，中国对外贸易业务受到打击，另一方面是因为前些年国际贸易人才走俏，大家一窝蜂选择这个专业，并且各个学校都开设了国际贸易专业，造成这方面人才越来越多，庞大的毕业生数量使得整个就业形势都受到了影响，所以已经出现了"热门不热"的现象。

　　反观曾经被认为需求较小的地质学等冷门专业的学生反而几乎都找到了工作，冷门专业已不再像昔日那样被人忽视，它们正以自身的优势在逐渐升温。

　　所以，不难看出，没有永远的冷门，也没有永远的热门，一切都是随着社会市场的变化而变化着。面对择业，我们应该这样做：

　　（1）设立明确的目标

　　我们应该根据个人兴趣选择适合自己的就业方向，对自己有一个清晰的职业规划，因为每个人的职业生涯规划不一样，选择的专业就会有很大的不同。

（2）充分了解热门专业的市场行情

警惕热门专业本身的强时效性，热门专业并非会永远热门，应对该毕业后的就业形势做出一定的预判，以免出现热门入校，冷门择业的情况。

（3）充分发挥自己的主观能动性

牢记没有永远的冷门，也没有永远的热门。不管你进入什么专业，都要发挥自己的主观能动性，持续在自己热爱的行业深入钻研，以获取扎实的理论知识、高深的业务能力和娴熟的交际能力为目标，形成自己的就业优势，提升核心竞争力，才能在日后顺利择业。

44. 注意力经济学：学会毛遂自荐

如今，我们生活在一个充斥着各式各样信息的环境里，换个角度，我们也是生活在一个由注意力经济构筑的信息环境中。1978年，在对当今经济发展趋势进行预测时，著名美国经济学家、诺贝尔奖获得者赫伯特·亚历山大·西蒙指出：随着信息的发展，有价值的不是信息，而是注意力。

通俗点说，老百姓日常看电视、看抖音、看朋友圈，在消遣娱乐、接收信息时，也同时消费了自己的注意力。注意力成了重要的经济资源，成了一种消费品，主要就是因为它具有广泛的使用价值，这就是注意力经济学。

案例4

英国足球明星贝克汉姆依靠身上的标签——英国最年轻的勋爵、足球场上最锋利的"尖刀"、女性心目中最完美的王子，在商业运作和成功包装下，最大限度地吸引了人们的注意力。

《财富》杂志在短短三天内，把世界300多家的老板邀到上海，通过发布广告就赚了1000万元。

《还珠格格》一集的播映权就卖了58万元天价，48集卖了2700多万元，在全国仅10个省就卖到了2亿多元。

湖南卫视《超级女声》节目在全国拥有上亿观众，平均收视率超高，其全国总决赛的广告报价高达15秒11.2万元。

不难看出，在现代社会里，注意力经济已经形成一种新形势的经济模式。为争夺眼球而竞争，这已是不争的事实。

美国杰出商业思想家托马斯·达文波特在其著作《注意力经济》中指出：在新的经济下，注意力本身就是财产。现在金钱开始与注意力一起流动。或者更通俗地讲，在经济转型之际，原有的财富将更自然地流向新经济的持有者。如果金钱真能有效购买注意力，那么我们要做的就是付给你一定的钱，让你全神贯注地听讲。但若有人想获取你的注意力，他不可能依靠付钱的方式来真正获得。虽然金钱流向注意力，但注意力很难流向金钱。

在经济学上，注意力有以下三种分类方法。

（1）商品化注意力与非商品化注意力

商品化注意力指的是能通过一定的价格，以一定货币量为代价，直接从市场购得的注意力，例如大众媒体生产的受众注意力。非商品化注意力指的是不能直接从市场购得的注意力。

（2）消费性注意力和生产性注意力

消费性注意力指的是用于消费的注意力，比如看电视、看书等。生产性注意力指的是用于生产的注意力，比如产品质量检验等。

（3）资本化注意力和非资本化注意力

资本化注意力指的是通过历史的注意力积累所形成的一种资本，它可以为资本的拥有者带来更多的利润和收益，比如名声、名牌、知识经验等。非资本化注意力指的是除去资本化注意力之外的其他注意力。

在人数众多的职场里，注意力尤为稀缺。在如今社会，人人都可以是一个IP（知识产权），每个人都应该把自己当成一个品牌来打造。在这个崇尚创新、崇拜力量的时代里，能够引人注目本身就实现了成功的第一步。因此，只有能有效利用这种"注意力经济"来吸引同事、上司的关注，才能让自己的才能充分体现，这是当今职场人必须学习的一门课。

我们在职场上可以这样运用注意力经济：

（1）学会主动出击，赢得注意力

在职场上，我们不能只埋头苦干，要学会该高调的时候高调，该低调的时候低调，要学会主动出击，比如定期向老板汇报工作，遇到困难主动找主管请教问题，从而展现自己。

（2）抓住各种新渠道，多方面展示自己

在做好本职工作的基础上，我们还可以借助其他新渠道来展示自己的才能。比如，现在流行的朋友圈就是一个全新的舞台。微信已经成为越来越多公司办公使用的平台，你发的每一条朋友圈领导都会看到，所以这是一个极佳的塑造外界对你的印象的渠道。切忌随心所欲地发朋友圈，你的任何一条朋友圈都可能会引起同事、上司宝贵的注意力。

45. 蝴蝶效应：你不曾注意的职场经济学

如果你看过电影《蝴蝶效应》，肯定会为男主角最后的结局唏嘘。在电影中，男主穿越到过去，改变自己童年的一个细节，结果回到现实发现自己的人生竟然有了翻天覆地的变化，这正应了电影片名——蝴蝶效应。

实际上，蝴蝶效应是美国气象学家爱德华·洛伦兹于1963年在一篇向纽约科学院提交的论文中提出的：一只南美洲亚马逊河流域热带雨林中的蝴蝶，偶尔扇动几下翅膀，可以在两周以后引起美国得克萨斯州的一场龙卷风。

这般诗意的描述其实就源自爱德华对气象变化多样性的预测，即蝴蝶扇动翅膀的运动，导致其身边的空气发生变化，产生微弱的气流，而微弱的气流的产生又会引起四周空气或其他系统产生相应的变化，由此引起一串连锁反应，最终导致其他系统的重大变化。

职场中其实充满了各种各样的蝴蝶效应，下面一起来看美国福特公司的创办者的故事。

案例5

美国汽车巨头福特公司的创始人亨利·福特刚从大学毕业时，到一家汽车公司应聘，同行的人学历都比他高。福特觉得自己没有希望了，当他敲门，走进董事长办公室时，发现门口地上有一张纸，于是想都没想，捡起来一看，是一张废纸，便随手扔进了旁边的垃圾篓。

没想到就是这一个细节让福特直接应聘成功，当福特刚开口说了一句"我是来应聘的"时，董事长就立刻表示了肯定："很好！很好！福特先生，你已经被我们录用了。"福特非常惊讶："董事长，我觉得前几位都比我好，你怎么决定录用我了呢？"董事长解释："福特先生，前面几位的学历的确比你高，而且仪表堂堂，但是他们的眼睛只能看见大事，而看不见一些细小的事情。你的眼睛能看见小事，我认为能看见小事的人，将来自然能看到大事。一个只能看见大事的人会忽略很多小事，这样的人是不会成功的。所以，我录用了你。"

从此以后，福特开启了他在汽车行业的辉煌之路，最后创办福特汽车，闻名于世。谁又能想到创造汽车神话的福特当初成功入行的敲门砖竟然是捡纸这样一个不经意的动作。

表面上看，福特的成功实属撞大运，但实际上却是必然的。他下意识的动作来源于多年以来所养成的习惯、个人的品性与修为，就像美国著名心理学家、哲学家威廉·詹姆士说过的一句话：播下一个行动，你将收获一种习惯；播下一种习惯，你将收获一种性格；播下一种性格，你将收获一种人生。

这就是蝴蝶效应的力量，任何事物只要在发展过程中都会有迹可循，而同时也会存在不可预测的"变数"，这些"变数"会影响甚至整个改变事物的进程轨迹。一个人一次不经意的动作，在未来都可能改变自己的命运。

在职场上，我们应该这样借助蝴蝶效应的力量：

（1）时刻打磨细节

不管你是求职者、职场新人还是工作多年的职场"老人"，只要你面对公司同事、领导，都必须注意说话、工作时的细节问题。一旦进入职场就不能放松神经、麻痹大意，你在细节的一个疏忽，可能在未来就会断送你的职场生涯。比如，你曾经不经审核就在文件上签字，可能未来就要承担意想不到的责任。

（2）大胆尝试，勇于创新

北京大学法学院法学博士罗翔曾说：我觉得勇敢是一个最高

级的词汇，在人类所有的美德中，勇敢是最稀缺的，当命运之神把你推向那勇敢的时刻，希望你能够想你想象中那么勇敢。也许你走到了某个岔路口，面临多种选择，而每一种选择都会引领你前往不同的人生目的地，希望你能遵从自己的内心，大胆尝试，用于创新，做出勇敢的选择，也许就能改变自己的整个人生轨迹。

46. 替代效应：怎样拥有"金饭碗"

说起"金饭碗"，那就是仁者见仁智者见智了，有人认为是公务员，也有人认为是医生，还有人觉得现在IT行业特别受欢迎，那么对于职场人，什么才是金饭碗？怎样才能拥有金饭碗呢？

案例6

2020年注定是不平凡的一年，春天新冠肺炎疫情暴发，席卷全球，也让一个大家都不愿看到的词频频出现在新闻中，那就是：裁员。

① 2020年6月6日，法国《快报》周刊网站刊载题为"硅谷开启十多年来最大清洗"的报道：十年来最大裁员潮，3月以来已经裁撤了超过6万个工作岗位。

② 2020年6月29日，中研网发布题为"全球银行计划裁员超10万人2020中小商业银行行业前景趋势及现状分析报告"的文章：全球银行业裁员超10万人，汇丰银行3.5万人，德意志

银行1.8万人，意大利裕信银行8000人。

③ 2020年6月26日，CNBC发布题为"耐克CEO约翰·多纳霍向员工发出裁员通知"的报道：全球最大运动品牌耐克亏损56亿，已经计划裁员，还要裁两次。

放眼全球，各个企业为了挺过经济寒潮，都在思考对策，甚至不得不壮士断腕。

所以，世上哪有什么永远的"金饭碗"。同时，随着人工智能研究的推进，越来越多的工作岗位在未来将被人工智能取代。创新工场董事长李开复曾说过，人工智能将快速爆发，10年后，50%的人类工作将被人工智能取代。麦肯锡咨询公司预测：到2030年，全球可能有8亿个工作岗位随着自动化的实现而消失。

案例7

2020年1月1日开始，我国高速公路全面实行ETC联网收费，每个收费站只留一个人工收费，其余全部改成自动收费，这意味着成千上万的收费员将失业。

一位36岁的收费员结束了十几年的收费生涯，曾经外人眼中的"铁饭碗"，最终被人工智能所替代，他哭诉称："做了十几年的收费员，除了收费，别的都不会。"就这样被下岗、被替代，虽无奈却又无可奈何。

诺基亚手机曾经风靡全球，但后来短短几年时间，市面上已不见诺基亚的踪迹。当时诺基亚被收购的时候，其高管说："我们并没有做错什么，但是不知道为什么，我们输了。"

上面这些活生生的例子无时无刻不在提醒我们：永远没有一劳永逸的工作。在现代职场，"金饭碗"只能靠自己。"金饭碗"的含义并不是守着一个目前看似稳定、旱涝保收的岗位，而是时刻都要提升自己的能力，使自己始终保持竞争力。

这就是经济学上替代效应告诉我们的。替代效应指的是在实际收入不变的情况下，某种商品价格变化对其替代品需求量的影响。

比如：在水果市场上，苹果与梨互为替代品。现在苹果的价格从6块钱一斤上涨到7块钱一斤，但梨的价格一直维持在5块钱一斤不变。那么，对于消费者而言，梨的价格相较于苹果在下降，消费者就会选择用梨来代替苹果，减少对苹果的需求。

上面这种由于某种商品价格上升而引起的其他商品对这种商品的取代的现象就是替代效应。在现实生活中，替代性不仅仅存在于商品之间，人与人之间也存在。在现代企业中，不可否认的是，员工与员工之间是存在替代效应的。企业本身的资源是稀缺的、有限的，一位员工在企业中拥有多少份额的资源，取决于他在这个企业中的重要性，即员工本身相较于其他员工而言的可替代性的大小。

如果在一家企业中，你很容易被人替代，那么就意味着你本身的价值是不高的，或者说管理层认为你的价值不如别人，不愿意为你支付相对较高的报酬。所以，换个角度来看，如果一个人想要在企业里站得更高，得到比别人更多的资源，那么他就必须比别人更具有不可替代性。

为了提升自己在职场的不可替代性，可以按照以下方式去做。

（1）利用下班后的黄金8小时，提升自己的竞争力

有句话说得很好：工作8小时，睡觉8小时，剩余的8小时，你在做什么？实际上，决定职场高度的不仅是上班的8小时，还有那剩余的8小时。一个人如何使用空闲时间，决定了他能够走多远。很多人往往下班就刷手机，无所事事，而另一部分人会看书、学习，每天改变一点点，最终量变引起质变，磨炼出一技之长。我们应时刻警惕舒适圈的诱惑，努力与时俱进。

（2）努力把自己打造成高精尖人才

公司里有技术、有实力的人才才是企业最宝贵的资源，因为有技术和才能的人相对较少，来找一个新的能够立刻替代他们的人的成本对于企业来说是巨大的、不划算的。现在，很多企业都在努力提高企业研发人员的待遇，因为这些人掌握着企业的核心技术，一旦被其他企业重金挖走，给企业造成的损失将是无比巨大的。

47. 智猪博弈论：你是"大猪"，还是"小猪"

学经济学就绕不开经济学里一个特别重要的理论：博弈论。在学习前，让我们一起来看下面的例子。

案例8

有两头非常聪明的猪，一头大猪，一头小猪，共同生活在一个猪圈里。猪圈一侧有一个踏板，另一侧有一个食槽。每踩一次踏板，自动投食机就会向食槽投放一点饲料。但如此就会造成一个局面：一只猪去踩踏板，另一只猪就会抢先吃到食物。如果小猪踩动踏板，大猪就会在小猪跑来之前吃光东西。如果大猪踩动踏板，则有机会在小猪吃光之前跑来，抢到一点残羹。那么，两只猪会采取什么策略呢？

说出来可能会有些难以置信，结果只能是一种：强壮的大猪奔忙于踏板和食槽之间，而小猪则等在食槽旁边，坐享其成。

上面的故事就是博弈论中一个经典的例子：智猪博弈。

智猪博弈深刻反映出我们在经济和社会生活中遇到的"免费搭便车"问题。无论大猪怎样选择，对于小猪而言，最优决策都是等待。从小猪的角度来思考，我们会发现，现实社会中很多时候不需要投入那么多，抓住"搭便车"的机会，往往会事半功倍。

而从大猪角度出发，在主观上进行的选择都是为了自己的利益，但实际上小猪也享受到好处，而且比大猪的投入更少。在这个市场化竞争的社会中，我们身处企业里为自己谋取利益的同时，也在不知不觉中，或多或少为他人带去好处。

但上述案例小猪的优势策略是一种"搭便车"行为，如果全部博弈主体都试图搭便车，就可能陷入囚徒困境。一起来看下面的案例。

案例9

在大学寝室生活中，寝室卫生一直都是一个很令人头疼的问题，因为学生来自天南海北，个人习惯不同，相互之间往往存在着"搭便车"现象。宿舍里往往有一个人爱干净、爱打扫，而也往往有一个人卫生习惯差、不爱收拾。所以这就导致了一个结果：当一个寝室成员打扫好卫生后，其他人就可以免费享受干净的寝室环境。而长此以往，如果那个爱干净的学生突然不愿意干了，也想"搭便车"，寝室卫生又会回到原来的脏乱差，没有"赢家"，这就是囚徒困境。

根据智猪博弈论，我们可以按照以下方式去做。

（1）选择"大猪"还是"小猪"取决于你自己

在职场上，"大猪"往往是那些心无城府、埋头苦干的人，而"小猪"则多是善于察言观色的人。

实际上，生活中、职场上，没有人规定你到底应该做"大猪"还是"小猪"，真正决定权在你自己手里。不管如何，如果想当"大猪"，就不要介意别人的不劳而获。想当"小猪"，就不要嫉妒别人的高额收入。选择做"大猪"还是"小猪"，没有对错，全是个人的选择。

（2）企业应该警惕囚徒困境

企业应该时刻警惕内部的"免费搭便车"现象。比如一个项目完全靠某几个员工的努力才能够完成，却将奖励平均分配给所有人，长此以往就会引发员工争相"免费搭便车"，最后导致无人用心工作。囚徒困境在价格竞争、人际关系等方面经常出现，必须时刻警惕。

48. 木桶定律：补齐自己的短板

俗话说"人无完人"，每个人都有自己擅长和不擅长的事。如果一个人希望提升自己的能力，就需要扬长避短，即发挥长处，避免短处。那么，一个人到底更应该修炼自己的长处，还是弥补自己的短板呢？我们一起来看下面的故事。

案例10

阿基里斯是古希腊神话中的第一勇士，他的母亲是海神之女。在阿基里斯出生的时候，母亲将他浸入冥河中为他洗礼，因此他全身百毒不侵，任何利器都伤害不了他。

在漫长的特洛伊战争中，阿基里斯一直是希腊人民心目中最勇敢的将领。他杀敌无数，所向披靡，数次使希腊军反败为胜。但其实谁都不知道，阿基里斯有一个不为人知的弱点，当初他的母亲将他浸入冥河时，是倒提着他的右脚踝的，因此他的右脚踝没有浸入冥河中，于是这就成了这位战神身上唯一的弱点。

在十年战争快结束时，太阳神阿波罗在旁人指点下，用一支毒箭射中阿基里斯的右脚踝，这位不败的勇士最终中毒而亡。

虽然是神话里的故事，但是却真切地告诉了我们一个道理：你的优势再厉害，可能也抵不过你的短板带来的危害。这就是木桶定律要告诉我们的：一只木桶能盛多少水，并不取决于最长的那块木板，而是取决于最短的那块木板，要想提高水桶的整体容量，不是去加长最长的那块木板，而是要下功夫依次补齐最短的木板。

木桶定律是美国管理学家彼得提出的，它在原有含义的基础上还有三个推论，具体如下。

（1）木板足够高，才能蓄更多的水

木桶的木板参差不齐，只有桶壁上的所有木板都足够高，那木桶才能盛满水。如果这个木桶里有一块木板不够高，木桶里的水就不可能蓄得多。

（2）没必要一直提升最高的木板

由于木桶的蓄水量取决于最矮的木板，所以最高的木板提升到一定高度就足够了，到达某一上限，其比最低木板高出的部分就会形成浪费，差距越大，则浪费越多。

（3）想要提升蓄水量下限，就要提高最矮的木板

因为木桶的每条木板长短不一，它的最低蓄水量取决于最矮的木板。因此，要想提高木桶的容量，就应该设法提高最低木板的高度，这是最有效的唯一途径。

木桶定律的比喻是非常形象的，在现代社会中，木桶可以象征一家企业、一个组织、一个家庭，木桶的蓄水量可以看作一家企业的竞争力、一个组织的实力、一个家庭的幸福度，组成木桶的木板

可以看作企业的员工、组织的成员、家庭的成员，木板的长度则象征着他们的竞争力和能力。让我们一起来看下面的例子。

案例11

　　A公司有一个员工，因为与主管的关系不太好，一些关于工作的想法总是不被肯定，以至于每天上班都消极怠工。正巧这时，B公司需要从A公司借调一名技术人员，去协助他们进行市场服务。于是，在经过深思熟虑后，A公司总经理决定派这位员工去，并嘱咐他："出去工作，既代表公司，也代表我们个人。怎样做，不用我教。如果觉得顶不住了，打个电话回来。"这位员工非常意外，也非常珍惜这个施展自己拳脚的机会。

　　一个月后，B公司打来电话："你派出的兵还真棒！"这位员工回来后，公司部门主管也对他另眼相看，他自己自信了不少，在未来对A公司的发展也做出了不小贡献。

　　从上面的例子，我们可以看出，一家企业不能仅仅注意"明星"员工的培养，更要注意对"短板"员工的激励，可能会给企业带来意外的惊喜。"短板"员工的成长能够提升一家企业的整体竞争力。

　　木桶定律给我们的启示如下。

　　（1）对企业而言，明星员工与"短板"员工应该相互配合

　　一家企业不能简单地、硬性地把"明星"员工和"短板"员工

对立起来，与其不分青红皂白地把"短板"员工赶出局，不如发挥他的长处，增加相关培训，辅以一定激励，把他放在适合他的位置上。企业的人力资源部门不能局限于个体能力和水平，应把目标放在企业所有员工的科学配置上，这样才能组成无坚不摧的团队。

（2）对个人而言，要扬长避短

每个人都要正确认识自身，找到自己在性格、能力、人际关系处理等方面的长处与短处，分析不足方面的原因，看是客观情况，还是自身主观懈怠导致。在职场上，我们在"高调"发挥长处的同时，也要"低调"提升自己的短处，切忌让短板成为自己的致命弱点。

49. 蛛网理论：热门职业是如何变动的

近年来，我们耳旁总能听到"电脑热""MBA热""外语热""法律热"等词汇。人们往往什么流行，就学习什么。在城市里，随处可见各种各样的计算机人才培训班、MBA班、外语班、律师班，它们就像雨后春笋一般涌现出来，就连高校也都不断扩招这些热门专业。

不可否认的是，这些培训班确实提高了劳动者的整体素质，但参加完培训的人本身并不仅仅为了提高个人素质，更重要的是他们想要在以后找到一份高薪工作。那么他们真的找到了吗？

2017年，MBAChina网站曾报道过这样一个案例。

案例12

　　小王在某省会城市工作了十多年，做到了中层管理的岗位，虽然收入过得去，但一直不安于现状，听人介绍MBA，就立刻决定辞职，去参加全国MBA联考，最后考入国内排名前三的商学院。

　　初入学时，虽然很快就听说MBA现在的就业形势不比从前，但小王还是雄心勃勃。不过很快，他就发现MBA的一些课程设置脱离实践，但小王还是坚持了下来，心想着凭借学校的名气和自己丰富的工作经验，肯定能找个理想的工作。

　　谁曾想，找了快一年的高管工作，还是没有单位愿意用他。小王非常失望，随即降低目标应聘普通中层的工作，结果还是不停地被拒绝，原因无非是年龄太大、缺乏本行业相关工作经验等。还有招聘人员反问他："你原来就是中层，工作经验丰富，又读了MBA，怎么会来应聘这样的岗位？"

　　所以，读了高端的MBA，就一定能找到高薪工作吗？是市场出了问题还是我们的观念出了问题？

　　从我国目前的就业状况来看，人力资源市场变化的速度不亚于电子产品的更新速度，那些高薪的行业已容纳不了各种培训机构或学校培养的专业人才。这里就不得不提到一个著名的经济学理论：蛛网理论。

　　蛛网理论，是一种动态的均衡变动模型，描述的是商品的价格与产量变动相互影响，引起规律性的循环变动的一种理论。因为价格和产量的连续变动用图形表示犹如蛛网，1934年英国的卡尔多将这种理论命名为蛛网理论，用来解释生产期比较长的产品的均衡点随时间变动的情况，而且这种产品的生产一般具有周期性的特点。

高校教育就可以看作这一类产品的生产。一起来看下面的例子。

案例13

我国的大学本科教育通常是4年，作为人才的培养与供给方，学校通常根据往年的人才市场行情制订招生计划，而大众在报考学校及专业时，也是根据以前的就业和收入情况来选择专业的。比如，大家前期获得信息：A专业将来毕业收入高。于是大家伙一哄而上，大家都想学A专业，各个高校也投其所好，不论是综合性名牌大学还是普通专业性院校都纷纷开设A专业，并招收了大量的A专业学生。

结果就是，四年后，A专业的人才供给增长过快，行业内一时难以消化这么多A专业的人才，导致人才供过于求，于是不可避免地出现了A专业市场工资水平下降。曾经作为热门专业的A专业如今却在人才市场上无人问津。

到了次年招生日，大家伙发现A专业已经不再那么"热"，于是A专业的报考人数会减少，造成人才供给出现短缺，四年后，A专业在人才市场上反而供不应求，工资水平又稍稍恢复。

到了第三年招生，大家伙发现A专业似乎又"热"了一点，就会做出和第一年类似的选择，导致工资再次下降。就这样人才的供需关系与价格出现循环变动，难以达到均衡状态（即供需与价格都不变的状态），在供需曲线上形成了一张蛛网。

所以，不难看出，没有永远的热门，也没有永远的冷门，就像蛛网一样，在供需曲线上，时而扩张，时而收敛，循环变动。

根据蛛网理论的启示，就业可以按照以下方式去做。

（1）尽早进行就业咨询

现在，国内有很多求职与就业方面的网站，我们可以尽早地、定期地了解人才市场的行情，查看国内各省市各种专业人才培养情况，作为我们选择专业的指导，避免随大流涌入热门专业，结果遇到过度竞争，造成我们在专业学习上投入的资源浪费。

（2）努力成为复合型人才

有了完善的就业咨询后，我们还要在扎实学习本专业的基础上，努力成为复合型人才。因为现今社会变化之快超乎想象，谁也不能百分之百准确地预测出未来人才市场的需求状况，复合型人才的转行成本要远远低于专业人才。

（3）辩证地看待第一次就业

很多求职者，尤其是大学应届毕业生，往往把第一次就业看成理想的最终选择，在进行第一次就业时，往往过于挑剔。但是从目前来看，很难有人会在一个岗位上或一个单位干一辈子。美国学者库克曾提出"人才创造周期"理论，他指出人才的创造力在某一工作岗位上呈现出一个由低到高，到达巅峰后又逐渐衰落的过程，其创造力高峰期可维持3～5年。

因此，如果我们把第一次就业看作是为了未来的再就业积累经验和阅历，那么，只要我们能从一个岗位上学到我们感兴趣的新知识，并可以不断积累经验、丰富阅历，就不要太看重当下的利益，经历才是我们未来再择业的财富。

第 **6** 章

管理经济学

每天学一点经济学，
助力企业降成本增效益

管理经济学是经济学的一个分支，是微观经济学在管理实践中的应用。将管理经济学应用到企业经营管理中，可以为经营决策提供一种系统而又有逻辑的分析方法，而这些决策都深刻影响着企业的日常管理行为、盈利能力等。

50. 完全竞争市场：经济学的理想假设

在经济学上，很多理论都是建立在经济学家的完美假设之上，比如第四节我们讲过的"理性人"。在这一节里，我们要学习一下完全竞争这一经济学中的完美状态。一起来看下面的例子。

> ### 案例1
>
> 20世纪80年代，一些城市为了保证居民的"菜篮子"供应，由政府出资举办了大型养鸡场，但成功的却很少，许多养鸡场最后都破产了。这其中的原因是多方面的，最重要的一点在于鸡蛋市场有其特殊性。
>
> 在鸡蛋市场里，有众多的买家与卖家。任何一个卖家，即便是大型养鸡场，在市场总供给量中的比例都是微不足道的，对价格的影响微乎其微，只能被动接受市场决定的价格。同时，鸡蛋市场几乎没有任何进入壁垒，谁想进入都可以，而且投资成本很低。此外，由于鸡蛋是无差别产品，卖家不能通过产品差异化来建立自己的垄断地位。
>
> 综上特征，鸡蛋市场是典型的完全竞争市场。

从短期来看，在鸡蛋市场上，卖家可能有超额利润，比如意外发生了鸡瘟、短暂的供不应求，也可能有亏损的情况，比如短暂的供过于求。但从长期来看，鸡蛋的平均价格将等于平均成本，任何一个卖家的经济利润都是零。

就算某些厂家通过采用新技术，降低了生产成本，其他厂家也会争相模仿。当所有生产者都这样做时，整个行业的平均成本也下降了，价格也下降了。这正是完全竞争市场上竞争的残酷性，如果哪个生产者平均成本高于行业平均成本，他就无法在这个行业中生存下，只好破产或退市。

当然，在现实生活中，完全竞争市场非常少见。它的形成条件非常苛刻，包括以下四个。

（1）市场上有许多生产者与消费者

这个条件要求市场上有众多的卖家与买家，即市场上该商品的提供者与需求者都非常多，每个买家的需求量和卖家的生产量对于整个市场而言占比很小。因此，他们都无能力影响这个市场的产量与价格。不论卖家或买家，所有人都只是市场既定价格的接受者，而不是市场价格的决定者。

（2）产品同质且完全无差别

这个条件要求市场上，每一个卖家生产的产品是同质的、完全无差别的。这里的完全无差别的商品，不仅指商品之间的质量完全一样，还包括在销售条件、商标、包装等方面是完全相同的。因此，对于买家来说，无论购买哪一个卖家的产品都是无差别的。因此，买家无法根据产品的差别来形成偏好。每个卖家的产品互相之间具有完全的替代性。

（3）市场进出自由

这个条件要求市场没有壁垒，任何卖家都能自由进出市场，不受任何社会法令或其他社会力量的限制。因此，这就造成当该市场有利可图之时，会有许多新的卖家主动进入，从而导致利润下滑，直至消失。相反的，当市场无利可图之时，许多老卖家又会主动退出，从而使得市场又出现利润空间。但从长期来看，利润上涨的波动与下降的波动相互抵消，买家长期处于完全竞争市场的利润为零。

（4）市场信息完全对称

这个条件要求市场上，每一个买家和卖家都掌握着与自己的经济决策有关的商品与市场的全部信息。这样，他们都能根据自己掌握的信息，来确定自己的最优购买量或最优生产量，从而获得最大效用或最大经济利益（短暂的利润，而不是长期的垄断利润），市场上不存在相互欺诈。

完全竞争市场给我们的启示主要有两个。

（1）小规模企业不建议进入完全竞争市场

小微企业未必会使用大规模企业的先进技术，就算市面上没有技术保护，因其生产成本比不过其他企业，又无法主导定价权，长此以往，可能连短期利润都拿不到就破产。小微企业应该发掘蓝海市场，利用先发优势，建立技术壁垒，才能立足长远。

（2）消费者应多比对信息，再做出决策

从完全竞争市场的形成条件，我们可以看出，信息是消费者获得最优效用的必要条件。我们在电视、手机、网络上看到的广告通常都是垄断商家发来的。因此，我们在做出消费决策前，应该自主、多渠道搜集信息，询问专业人士，再做出决策，这样才是对自己有利的。

51. 产品生命周期：产品的"生老病死"与营销

你知道吗？产品和人一样也会经历"生老病死"。在开始本节内容前，让我们一起来看下面这样一个案例。

案例2

20世纪70年代，市面上的牙膏种类非常少，大家能买到的无非就是那几种而已，所以牙膏市场并不很受青睐。

而在这时，北京的一家日化厂很有远见地研发了一种药物牙膏，他们将中草药融入牙膏之中，使得普通的牙膏在清洁牙齿的同时增加了保健作用。产品一经推出，广受好评，销量也是出奇的好。

1978年，这种药物牙膏开始批量生产，厂家很快成为市场上为数不多的牙膏畅销品牌之一。1982年，品牌开始扩大生产，但是从产品投入到批量生产成熟，他们用了长达3年的时间。但就在这段时间里，药物牙膏产业已经异军突起，吸引了众多其他厂商。1985年，该厂商出现了滞销情况，他们的药物牙膏过早地进入了衰退期，加上原料价格上涨，使得企业生产成本加大，开始逐渐出现亏损。

上面的故事反映了一个经济学原理：产品生命周期理论。它是美国哈佛大学教授雷蒙德·弗农1966年在其著作《产品周期中的国际投资与国际贸易》中提出的。在他的理论中，任何一种产品都逃不过这样一个规律：当企业生产出来的一种产品进入市场后，它的销售量和利润都会随着时间的推移而改变，呈现一个由少到多再由多到少的过程，就如同人的生命一样，由诞生、成长到成熟，最终走向衰亡。

这就是产品的生命周期现象。经过研究开发、试销，然后进入市场，产品的市场生命周期开启，而产品退出市场则标志着生命周期的结束。根据研究调查，不同产品的生命周期不尽相同，有的产品一进入市场就快速成长，迅速越过成长期，直接进入成熟期。还有的产品可能越过成长期，直接迈向衰退期。比如，一件时装的生命周期只有几个月，一辆汽车的生命周期长达上百年。

所以，不难看出，对企业而言，掌握并了解特定产品的生命周期具有非常重要的意义。很多的产品的衰败就是因为企业的决策者没有掌握好生命周期规律，造成产品不再流行，最终退出了市场，甚至导致企业破产。

一个产品在生命周期中，通常要经历以下四个阶段。

（1）介绍期

新产品刚投入市场，便进入了介绍期。在这个时期，消费者对产品还不了解，只有少数追求新奇的消费者可能会购买。因此，产品销售量很低。在这时期，厂家为了拓展销路，需要投入大量的宣传和促销费用。同时，由于技术还不成熟，厂家不能大批量生产产品，因而生产成本也很高，销售额增长缓慢，企业利润很低，甚至可能亏损。

（2）成长期

在成长期，消费者对产品已经熟悉，大量的新顾客开始购买，产品市场逐步扩大。厂家利润增加，有更多的资金来批量生产产品，生产成本得以降低，利润也迅速增加。在市场外，竞争者看到有利可图，纷纷进入市场，同类产品供给量随之增加，供给大于需求，使得价格下降。最终，厂家利润增速逐步减缓，直至达到生命周期利润的最高点处。

（3）成熟期

在成熟期，产品的市场需求趋向饱和，潜在的消费者已经很少，销售额增速降低直至变为负数，标志着产品进入了成熟期。在这一阶段，外部厂商进入加剧，竞争到达顶峰，产品售价被打压得很低，促销费用持续增加，导致厂家利润下降。

（4）衰退期

随着研发持续投入和新技术的发展，新的产品将在这一时期出现，使得消费者改变消费习惯，开始投向其他产品或替代品，致使原来产品的销售额和利润迅速下降。在这时期，老产品进入了衰退期，新产品进入了介绍期，开启了新的产品生命周期。

52. 奥格尔维法则：借力使力的艺术

美国苹果公司创始人史蒂夫·乔布斯曾说过："这些年我明白了一个道理，当你拥有一群很优秀的员工，你不用像对待婴儿一样哄着他们。给他们定下伟大的目标，他们就能完成伟大的成就。如果你问任何一位Mac团队的员工，他们都会告诉你他们的付出是值得的。"

企业成功靠的就是人才，优秀的领导人都会发掘人才、运用人才。我们一起来看下面的故事。

案例3

　　有一天，美国奥格尔维·马瑟公司董事长奥格尔维召开董事会，他特地在每个董事面前都放了同样的一个玩具娃娃。董事们来了之后，面面相觑，摸不着头脑。奥格尔维开口说道："大家觉得奇怪吧？打开看，里面有许多娃娃，看看哪个是你自己！"

　　于是，董事们纷纷把娃娃打开，发现大娃娃里面套着中娃娃，中娃娃里又套着小娃娃。最后，当董事们打开最小的娃娃时，看到了一张由奥格尔维写的纸条："各位，如果总是雇用比自己弱小的人，我们最后将变成矮人国，成为一家侏儒公司。反之，如果总是雇用比自己高大的人，我们肯定会成为一家巨人公司。"

　　董事们恍然大悟，纷纷表示自己是那个最小的那个娃娃。从此以后，大家都尽力发现和大胆启用在某些方面比自己更有专长的人才，令公司得以迅速发展。

　　奥格尔维的这种做法很快就传遍美国、欧洲等国家和地区，企业们争相效仿，称之为奥格尔维法则。现在，奥格尔维法则指的是，如果每个人都雇用比我们自己更强的人，那么这家企业就能成为巨人公司，如果所用的人都比你差，那么他们就只能做出比你更差的事情。

　　在现代管理学中，奥格尔维定律很早就被很多大企业视作管理实战法则。在任何一个团队中，主管的能力被认为可以低于部下，但主管本身需要有开阔的心胸与气度，要能够驾驭能力超过自己的人才，才能最大化地实现团队目标。只有团队整体业绩提高了，主管才能本身的价值才会放大，才能得到提拔，而主管留下的空位又会让那些能力强的原部下来顶上。

因此，可以看出，只有团队能人辈出，才能使这个团队的战斗力持续增强，并为企业不断培养有能力的新的领导者，最终让企业在未来不断受益。

美国钢铁大王卡内基曾说：哪怕把我的厂房、机器、资金全拿走，只要把员工留下，4年后我还是一个钢铁大王。他的这种自信来源于什么呢？答案是：人才。他拥有众多水平比自己高的人才，而且他们都愿意为他所用。华为董事长任正非也是如此，一起来看下面的故事。

案例4

有一天，某领导到华为考察工作，和任正非聊到了IPD（集成产品开发）变革。这时，华为总裁徐直军突然说道："老板懂什么管理，我们的变革IPD，他就知道那三个英文字母。"

任正非却也没有不开心，还大方承认自己就是不懂："在时代前面，我越来越不懂技术，越来越不懂财务，半懂不懂管理。从事组织建设成了我后来的追求，如何组织起千军万马，这对我来说是天大的难题。我个人既不懂技术，也不懂IT，甚至看不懂财务报表，唯一的是，在大家共同研究好的文件上签上我的名……"

企业经营的核心是管理，管理的关键在人才。把有才能的人放到合适的岗位，给足他权力和空间，企业才能获得源源不断的发展力。

了解了奥格尔维法则，可以得到以下三个方面的启示。

（1）多渠道找到合适的人才

比尔·盖茨曾经说过：这个世界无论任何角落，只要有哪个人才被我发现，我会不惜任何代价，将他请到我身边来。对他而言，找到一个合适的人才，比财产增长更能够让他激动。企业在招聘时，要尽可能利用外部资源，比如通过猎头公司、内部推荐。

（2）把人才放在他们适合的岗位

对于领导来说，每天最重要的事情是什么呢？是调动部下的积极性、合理分配工作。作为管理者，要摸清下属的特长、性格、缺点，然后把他们放在适合的位置上，让他们发挥出各自的才能，让团队协作的效用得以最大化。

（3）多重手段把人才留住

企业使用人才，首先要做到信任与尊重。同时，企业应该通过股权赠送、业绩分红等手段，建立各种激励机制，关心他们的生活，提升人才对企业的忠诚度，真真正正地留住人才。

53. 竞争策略：伟大的成功，需要对手的存在

西班牙人爱吃沙丁鱼，但沙丁鱼非常不容易存活，离开大海后用不了多久就会死去。后来，渔民们想出一个办法，在运输的时候，把沙丁鱼的天敌鲶鱼和沙丁鱼放在一起。这样，沙丁鱼为了躲避天敌，必须加速游动，从而保持了旺盛的生命力。最后，渔民们发现这个方法极好，一条条沙丁鱼都活蹦乱跳地被运回渔港。

除了自然界，人类社会更是这样的道理，取得小的成功需要有朋友，而想取得大的成功则需要强劲的对手。让我们一起来看下面的故事。

案例5

康熙一生建立无数丰功伟业，在执政60年之际，特举行"千叟宴"。宴会上，康熙敬了三杯酒，第一杯敬孝庄太皇太后，因为她辅佐他登上皇位；第二杯敬大臣及天下万民，因为他们齐心协力尽忠朝廷；第三杯敬给他的敌人：吴三桂、郑经、噶尔丹、鳌拜。

大臣们听闻目瞪口呆，康熙解释说道："是他们逼着我建立了丰功伟绩，没有他们，就没有今天的我，我感谢他们！"

上面的故事是不是给了你一些启发？提起敌人，大家都是痛恨不已，但实际上，虽然短期内，敌人会阻碍我们实现目标，但在长期来看，他们却是促进我们成长必不可少的因素。

在现代生活和职场中，也存在这样的道理：亲人、朋友因为情感、友谊，很难看到我们身上的弱点，但是竞争对手不同，他们天天在找寻我们的弱点、短板，甚至为此使出浑身解数。如果我们能够借对手之力，发现自己的不足，反而对我们自身的成长来说是一件好事。

总而言之，一个人上了职场，首先就要选好对手，找准自己的定位，才能明确自己的核心竞争力，以己之长攻彼之短。

一个产品进入市场，首先要定好竞争产品，利用自己的差异化特点，吸引消费者关注，才能实现产品跨越式增长。

一家企业初步创立，首先要瞄准同行对手，学习他们的优点，找到他们的弱点，才能巧妙应对，在市场上脱颖而出。

成功需要对手，我们应该这样分析竞争对手：

（1）多渠道寻找现有竞争对手及潜在竞争对手

通过广告、政府平台、消费者介绍、证券研究报告等渠道，密切关注现有直接竞争对手，尤其是那些与自己增速相同或增速更快的竞争对手。值得注意的是，一些竞争对手可能不是在每个细分市场都出现，而是出现在某特定的市场中。

同时，我们要时刻关注新的、潜在的进入者，比如：有明显经验效应或协同性收益的企业、前向一体化或后向一体化企业、具有潜在技术竞争优势的企业。

（2）多种方式分析竞争对手的优势与劣势

在这一步中，我们通常会使用以下方法来分析：① 波特竞争力分析模型。哈佛商学院教授迈克尔·波特把竞争力归纳为五力，包括供应商的议价能力、购买者的议价能力、潜在竞争者进入的能力、替代品的替代能力和行业内竞争者现有的竞争能力，在此基础上制定企业的竞争战略。② SWOT战略分析工具。知名咨询公司麦肯锡基于收集到的竞争对手的情报，对所处外部环境与企业内部环境进行综合分析，包括企业的优势（strengths）、劣势（weaknesses）、机会（opportunities）和威胁（threats）四个部分，基于SWOT分析结果，企业才能制定未来的公司战略、市场定位等。

（3）既要扬长避短，也要携手共赢

在对竞争对手分析后，企业应该着手"扬长避短"，发挥自身公司产品优势，抵消对手产品在消费者心中的优势，最终创造以"自身优势PK对手劣势"的不对称竞争机会。

比如，在进入凉茶市场时，品牌A发现品牌B仅有罐装和纸盒包装，于是立刻推出PET瓶装，打出"瓶装更尽兴"的价值诉求，采用包装差异化的策略，成功切入瓶装需求的细分市场。

同时，我们也要知道，天下没有永远的敌人，我们要与竞争对手携手共赢，而不是争个你死我活。我们要与竞争对手携手开拓更广的市场，不要憎恨对手，而要欣赏与心怀感恩。要知道，一直以来，可口可乐与百事可乐、宝洁与联合利华都是在彼此成就。

54. 成本最小化：节约成本相当于提高利润

2020年初，一场突如其来的新冠肺炎疫情席卷全球，我们每个人的生活都受到了不小影响。"开源节流"成了大家经常挂在嘴边的话。在公司财务上有一个基本公式：

$$利润＝收入－成本$$

换句话说，一家企业节省成本，就等于在增加利润。不难看出，增加利润最快速、直接的方法，不是增加收入，而是降低成本、杜绝浪费。

曾经，网上流行过这样一句话：钱是挣出来的，不是省出来的。实际上，这句看似十分励志的话是片面的。钱既是挣出来的，也是省出来的。要会赚钱，也要会省钱，才能变有钱。企业的日常经营也是如此，企业利润低，有时不是不会挣钱，而是不会在成本上省钱。

案例6

我国著名管理学家汪中求曾在《浪费的都是利润》一书中这样写道：

"在当前这个微利时代，企业往往会因为生产成本膨胀和生产价格过高而导致企业竞争力下降，从而使得企业的利润空间进一步下降。而对企业来说，造成生产成本膨胀和生产价格过高的一个主要因素就是浪费，往往是10%的浪费能够引起100%的利润损失。换句话说，如果一个企业能够杜绝10%的浪费，那么这个企业将会增加100%的利润。"

与汪中求看法相似，世界著名企业管理学家、现代管理学之父彼得·德鲁克这样说：

"企业家只需要做对两件事情就可以让自己获取成功，第一件事情是营销，第二件事情是有效地削减企业的生产经营成本。只要做好这两件事情，其他的事情都不用去做就会取得成功。"

在后疫情时代，经济复苏，企业重建之时，谁能尽可能降低成本、杜绝浪费，谁就可能最先抓住机会，将利润大幅提升。

案例7

日本知名企业家、京都陶瓷株式会社（京瓷株式会社）创始人稻盛和夫也是节约成本经营理念的奉行者。2013年，他在盛和塾世界大会上进行了主题为"经营十二条"的演讲，在其中这样回忆自己的创业史：

京瓷开始运行时，我没有经营经验和知识，对企业会计一窍不通。请外援公司派来的财务科长协助会计事务。一到月底，我就抓住他问："这个月怎么样？"结果夹杂着许多会计专业术语的解答，令技术出身的我十分头痛。我忍不住说："如果销售减去经费，剩余就是利润的话，那么，只要把销售额增加到最大，把经费压缩到最小。不就行了吗？"

估计那位科长当时吃了一惊。从那时起，我就把"销售最大、经费最小"当作经营的大原则。虽然是一条非常单纯的原则，但只要忠实贯彻这一原则，"京瓷"就可以成为高收益体质的优秀企业。

作为经营常识，大家都认为销售额增加，经费随之增加。

但是不对。超越"销售增，经费也增"这一错误的常识，为做到"销售最大化、经费最小化"，开动脑筋，千方百计，从中才会产生高效益。

举例来说，假定现在销售为100，为此需要现有的人员及设备，那么订单增至150，按常理，人员、设备也要增加50%才能应付生产。但是，做这样简单的加法，绝对不行。订单增至150，通过提高效率，本来要增加5成人员，压到只增加2~3成，这样来实现高收益。订单增加、销售扩大，公司处于发展期，正是搞合理化建设、提高效率、变成高收益企业千载难逢的机会，可是大多数经营者却在企业景气时放松管理，坐失良机。

"订单倍增，人员、设备也倍增"的加法经营很危险。一旦订单减少，销售降低，经费负担加重，立即成为亏本企业。

总之，自京瓷公司创建以来，除了金融危机受到冲击的一段时间外，公司的利润率一直保持在两位数以上，有些年份利润率甚至超过40%。

实际上，稻和盛夫为了实施自己"销售最大、经费最小"原则，在公司内部创建了名为"阿米巴经营"的管理系统，由几人到十几人组成一个"阿米巴"小集团，整个公司有上千个这样的小集团。每个月财务会把每个"阿米巴"月销售额减去月经费，除以月总工时所得的数据，计算出每个"阿米巴"的单位小时生产附加值，来作为经营指标。等到月末结算，各个部门的实际绩效会通过每小时核算表详细反映出来。任何人只要看一眼每小时核算表，就能对每个部门的效益情况一目了然。

这就是稻盛和夫推行的阿米巴经营法则，它将企业的经营效率按照小时来精确计算，将成本费用细化到了极致。而除了对管理者有指导作用，阿米巴经营法则推行的每小时核算表也可以让实际工作员工一看就知道自己手头工作的单位成本。比如，他可能会感叹："啊，这个月电费花多了。"这样，员工也会有"当家做主"的实感。

了解到节约成本的益处后，可以按照以下方式去做。

（1）设立预算制度，精简企业组织架构

企业应该设立预算制度，每年年终进行结算，评估上一年预算是否合适，为下一年的预算进行规划。同时，企业应该精简组织部门，按照以利润与客户为导向的原则，建立并优化业务流程和利益机制，没有必要设立的部门坚决不设立。

（2）建立最低库存标准，节约采购成本

企业应该建立最低库存标准，有条件的企业可以尝试零库存模式，比如：直接送到生产线，循环取货，与供应商保持信息沟通，与供应商建立良好关系以确保优先送货，转移库存。

同时，企业还可以通过竞标等方式，基于信用、品质、价格、费用、时间、服务情况等综合情况，确定供应商，尽可能地降低采购成本。

（3）识别劣质客户

这是很多企业都会忽视的一点，美国著名企业管理咨询专家鲍

勃·菲费尔曾说：无限度地满足客户你就会破产。企业应该识别哪些是劣质客户，比如：拖欠货款、无限度压价等。企业对劣质客户要坚决封杀，留存实力与产线来服务那些真正守信的优质客户。

（4）细化管理，精简日常开支

在现代社会里，企业日常经营中的浪费无处不在，比如电话费、不必要的巨额差旅费、办公设备费用、招待费等。企业管理者应时刻关注这些费用的异常增长，及时精简。

此外，还有一个企业常常会"栽跟头"的地方就是：频繁开会。对任何企业来说，频繁开会造成时间成本的浪费。企业应该提高开会效率，把讨论问题的时间留在私下，公开场合以解决问题为导向，这样才能节约每个人的时间。

55. 激励机制：理解员工的偏好，完善现代企业制度

案例8

美国哈佛大学教授威廉·詹姆士曾经开展过一个研究。

在没有激励的情况下，按时计酬的员工一般人的能力大约只能发挥20%~30%，而如果采取了适当的激励措施，其能力则可以发挥80%~90%。所以我们可以看到，建立激励机制有多么重要。

那么，什么是激励机制呢？激励机制指的是为推动企业积极开展生产经营活动、实现企业目标，通过特定的方法与管理体系，将员工对组织及工作的动力、忠诚、贡献最大化，在企业内部形成有利的经济关系和运行方式。

说到底，激励机制就是企业在员工面前，将远大理想转化为具体事实的连接手段。激励机制通常包含以下五个方面的内容。

（1）诱导因素

诱导因素指的就是用来调动员工积极性的各种奖酬等。在对员工个人需要进行调查、分析和预测的基础上，企业管理层可以根据现有可以支付的奖酬资源，来设计各种奖酬形式，包括：内在奖酬，如交付具有挑战性的任务、有兴趣的工作内容，给予认同感等；外在奖酬，如授予称号头衔、弹性工时、表扬、停车位等。

（2）行为导向制度

美国勒波夫博士曾在《怎样激励员工》一书中指出：世界上最伟大的原则是奖励，受到奖励的事会做得更好，在有利可图的情况下，每个人都会干得更漂亮。

同时，他还列出了企业应该奖励的十种行为方式：

① 奖励彻底解决问题的，而不是仅仅采取应急措施；

② 奖励冒险，而不是躲避风险；

③ 奖励使用可行的创新，而不是盲目跟从；

④ 奖励果断的行动，而不是无用的分析；

⑤ 奖励出色的工作，而不是忙忙碌碌的行为；

⑥ 奖励简单化，反对不必要的复杂化；

⑦ 奖励默默无声的有效行动，反对哗众取宠；

⑧ 奖励高质量的工作，而不是草率的行动；

⑨ 奖励忠诚，反对背叛；

⑩ 奖励合作，反对内讧。

（3）行为幅度制度

行为幅度制度指的是企业对员工由诱导因素所激发的行为在强度方面的控制规则。美国心理学家伯尔赫斯·弗雷德里克·斯金纳在他的强化理论中指出：按照固定比率来连接奖酬与绩效，会带来迅速的、非常高而且稳定的绩效，并呈现中等速度的行为消退趋势。而如果按照变化的比率来连接奖酬与绩效，带来非常高的绩效，并呈现非常慢的行为消退趋势。

因此，他建议企业可以通过变化的比率确定奖酬与绩效的关系，这样可以把个人行为的努力水平控制在一定范围内，防止员工被激励的效率快速下降。

（4）行为时空制度

行为时空制度指的是企业对员工的奖酬在时间和空间方面的规定。这样规定的主要目的是防止员工短期对奖酬的"投机行为"，以保证员工在未来较长一段时间都能够持久地被激励。比如延期支付计划：公司将管理层的年度奖金、股权激励收入等按当日公司股票市场价格折算成股票数量，存入公司为管理层人员单独设立的延期支付账户，约定在既定的期限后或在员工退休后，再根据期满时的股票市场价格以现金方式支付给激励对象。

（5）行为归化制度

行为归化制度指的是企业对员工进行组织同化和对违反行为规范或达不到要求的处罚和教育，包括：① 对新成员在人生观、价值观、工作态度、合乎规范的行为方式、工作关系、特定的工作技能等方面的教育，使他们尽快成为符合企业文化与习惯的一员。② 在事前向员工交代清楚各种处罚措施，对他们进行负强化。若员工后续违反行为规范或达不到要求，在给予适当的处罚的同时，还要再次加强教育，进行再一次的组织同化。

只有上述五个方面都完备的激励制度才是对企业和员工都有利的激励制度，企业才能进入持续的良性运行。

了解了激励机制的运作原理，我们可以这样建立激励机制：

（1）将企业发展目标与员工个人的成长目标结合

企业管理层应该更新观念，摒弃以前的"个人必须服从组织"的观念，注重员工个人选择与成长，引导员工自觉地将个人发展与组织的发展匹配起来，与企业共同成长。同时，企业应该帮助新员工规划个人职业生涯。

（2）重视员工个人的职业发展

企业应加强企业人力资源开发与管理工作，重视员工职业能力的提升和职业发展的需要，激发员工积极性，力求人尽其才。

（3）为员工创造更多参与企业管理机会

企业应注重企业文化培养与情感激励，比如通过员工持股计划、员工代表大会等各种方式，让员工参与到企业管理与决策中来，让员工有"公司是我家""当家做主人"的感觉，激发员工工作热情与主观能动性。

56. 扁平化管理：提升管理效率

一家企业"上达下通"的速度，即顶层决策信息下传到基层员工的时间，决定了这家企业的工作效率。为了提高信息和决策效率，20世纪90年代，强调简化组织结构、减少管理层次、使组织结构扁平化的扁平化管理模式骤然兴起。

案例9

1981年，时任通用公司首席执行官的杰克·韦尔奇发现公司从董事长到现场管理员之间的管理层数目多达二十几层。韦尔奇上任后，顶住压力，通过采取"无边界行动""零管理层"等管理措施，使公司管理层级数锐减至5到6层，彻底瓦解了自20世纪60年代就深植于组织内部的官僚系统，不但节省了大笔开支，更极大地提高了管理效率，企业的经济效益大幅提高。

从上述案例不难看出，扁平化管理就是通过缩短经营管理通道与路径，扩大经营管理的宽度与幅度，进而提高经营管理效率和市场竞争力。通常而言，扁平化管理区别于旧时的"金字塔"管理方式，主要在以下两个方面存在不同。

（1）管理幅度

管理幅度指的是管理者所管辖的下属人员或部门的数目。在任何一家企业中，人的管理幅度都是有限的，管理幅度的增加会使管理工作复杂化，而个人的工作能力则是有限的，因而有必要确定合理有效的管理幅度，这是企业组织结构架构设计的一项重要内容。

（2）管理层次

管理层次指的是企业组织内纵向管理系统所划分的等级，代表着一定限度内，企业自上而下行使权力、利用资源以及明确管理职能的过程。在一家企业的组织架构中，各个层次都承担着一定的管理职能。

从上面的描述可以看出，通俗点说，管理幅度就是企业上级对下级管理的有效性，侧重质量，而管理层次指的是企业上级与下级之间沟通的灵活性，侧重效率。在现实生活中，我们既希望管理幅度大，又希望管理层次少，但两者其实是"鱼与熊掌不可兼得"。企业扁平化管理就是通过一系列组织架构设计，在管理幅度与管理层次之间取得最优平衡，力求管理幅度较大，且管理层次较少。

案例10

　　小米作为主打年轻人极高性价比的品牌，近年来能够异军突起，除了它本身产品的优异设计，还因为自它创始之初就执行各种独特的策略，比如：不设立KPI（关键绩效指标）、推行扁平化管理等。在创业初期，创始人雷军把大部分的时间都花在找人上面，终于组建了创业团队，并招聘到了部分员工。

一开始，除了几个核心创始人，小米公司的员工没有职位区分、没有职级，大家都只有一个目标：一起把这件事做好，然后涨薪水。因此，员工的杂念就不会太多，一心扑在工作上，因为拿出成绩，就可以加薪。靠着"与员工分享利益"的理念，小米的产品迅速打开了新市场。

这就是企业管理的扁平化，通过破除公司自上而下的垂直结构，简化管理层次，强调放权，增加管理幅度，裁减冗员，使得企业变得灵活、敏捷和富有创造力。

企业可以这样实行扁平化管理：

（1）利用云平台等方式，构建扁平化的组织结构

企业可以利用云平台，重新构建扁平化组织结构，设立矩阵式专项项目组，企业相关汇报及决策事项一站式解决，缩短沟通及决策流程；压缩并尽量减少中间管理层，保证管理人员的素质能胜任扁平化管理。

（2）建立企业内外部信息网络，保证信息透明与共享

企业实行扁平化管理，必须要保证内部信息沟通的畅通，保证信息的透明与充分共享，使得每个基层员工可以迅速查询到管理层的消息。

（3）建立扁平化决策机制，将分权与集权有机结合

企业可以分类分级决策，进行差异化授权，充分发挥各层级员工的主动性与积极性，提升满足客户需求的快速反应能力、组织运行效率、决策效率，全面提高工作效率。

（4）构建业务流程的扁平化

业务是企业的核心，企业扁平化管理的实行离不开业务流程的扁平化构建。企业可以压缩流程，根据制度去规范流程，根据流程去完善制度，通过业务流程扁平化来固化企业扁平化管理行为。

57. 华盛顿合作规律：避免团队内耗

你肯定听过《三个和尚》的故事，三个人合作的产出可能还没有一个人多，这在经济学上就被称作华盛顿合作规律，即一个人能够发挥主观能动性，做很多事情，但随着人数增加，内耗开始了，彼此相互推诿，把责任推到别人头上，或者干脆事不关己高高挂起，这样导致整个团队产出降低，甚至亏损。

在管理学中，人与人的合作，并不是简单的人力相加，而是更为复杂与微妙。当人们协同良好时，会产生"1＋1＞2"的效果，但当人们相互推诿时，可能会一事无成。

那么，企业应该如何避免华盛顿合作规律呢？我们一起把《三个和尚》的故事看完：

后来，三个和尚各念各的经，各敲各的木鱼，观音菩萨面前的

净水瓶也没人添水，柳枝枯萎了。夜里老鼠出来偷东西，谁也不管。结果老鼠打翻烛台，燃起了大火。和尚们慌了神，三个和尚这才一起奋力救火，大火扑灭了，他们也觉醒了。从此三个和尚齐心协力，自然也就有水喝了。

从上面的结尾，我们可以看出，要破解华盛顿合作规律，一定要重新构建群体关系，提升组织效能。

破解华盛顿合作定律，必须明确成员分工，落实成员责任，以降低旁观者效应；采用激励机制，实行目标管理，以避免社会惰化作用；注重素质结构，重视组织沟通，以减少组织内耗现象。

企业可以这样破解华盛顿合作规律：

（1）明确每个员工的职责与分工

企业设计岗位之时，必须明确该岗位的职责范围。针对需要多个人共同完成的工作，企业必须进行详细的职务设计，明确成员分工，落实成员责任，以确定每个人应该做什么，应该承担什么责任，避免相互推诿。

（2）建立有效的激励机制

企业建立科学而有效的激励机制能够预防华盛顿合作规律，比如：按需激励，通过了解不同员工的不同需要，有针对性地采取激励措施；奖惩适度，奖励过轻则起不到激励作用，惩罚过重会让员工感到不公平；保持公平，对于取得同等成绩的员工，一定要获得同等层级的奖励，而对于犯同样错误的员工，也应受到同等层级的处罚；奖惩公开，不管对哪位员工做出什么样的奖励或惩罚，都要公开透明、理由充分。

（3）实行目标管理制

只有企业实行了目标管理制，每个员工都知道自己要完成什么样的目标，他们才会不偷懒，因为没有人会顶替他们的职务，这样才能破解华盛顿合作规律。同时，目标管理制度能够让企业的主管人员和员工共同制定工作目标，在工作中提升主观能动性，避免组织内耗和社会惰化。比如：上下级共同制定切实可行的工作目标；上级授权下级相应的权力，以便完成目标；企业及时检查每位员工完成目标的进展情况，并及时反馈检查结果。

（4）建立简洁顺畅的沟通机制

在庞大的企业架构中，误会甚至是冲突在所难免。这时，沟通就显得尤为重要。只有及时解决冲突，才能避免员工之间不必要的矛盾，保证员工的工作激情不被消耗。建立简洁顺畅的沟通机制，不但要建立工作8小时内的沟通机制，如邮件、微信群，还要完善工作8小时外的沟通机制，如团建、员工家访等，从根本上提升员工对彼此的理解。

58. 蓝海战略：如何让企业杀出重围

2005年，W.钱·金在他的著作《蓝海战略》中提出的"蓝海战略"，一度席卷全球，无数企业学习。那么，什么是蓝海战略呢？让我们一起来看下面的案例。

案例11

20世纪90年代，美国葡萄酒市场高度饱和、竞争激烈，80%的市场份额基本被意大利和法国进口酒占据。这时，一个澳大利亚品牌"黄尾"（Yellow Tail）想要进入美国市场。它巧妙地进行了差异化竞争策略。

传统葡萄酒行业注重葡萄酒庄的声望与历史渊源，主打高端市场。黄尾则反其道而行之，摒弃了复杂的造酒工艺，只推出了两种酒以供选择，简化商业模式，让顾客一目了然，并提高库存的周转次数，将库存投资减少到了极致。此外，黄尾摒弃了市面上葡萄酒在瓶身上印制的复杂包装，以及那些产品介绍里的专业词汇，突破性地把黄袋鼠这一动物形象画在瓶子上，同时只用醒目的颜色来区分葡萄酒品种，如红色是赤霞珠，黄色是西拉，橙色是梅洛，好看的瓶身颜色让大家把选酒都当成了游戏。

这一创新性战略为黄尾带来了巨大的成功，使得品牌销量从2001年的20万箱狂增至第二年的220万箱。2017年，黄尾已经成为美国销量排名第五的葡萄酒品牌，跨越了传统酒类市场，在一片"蓝海"中徜徉。

蓝海指的是未经开拓的市场空间，其潜在需求与利润都是非常巨大的。与之相对应的还有一个词汇，就是红海。红海则指的是已经拥有众多企业的市场，潜在消费者与利润空间均已寥寥无几。蓝海战略认为企业应该聚焦于拓展非竞争性空间，规避现有市场的竞争者，探索并创造新的需求，追求企业产品的差异化，实现利润的跨越式增长。

在《蓝海战略》一书中，W.钱·金在进行跨度长达100余年、涉及30多个产业的150个战略行动的研究后，提出：要赢得明天，企业不能靠与对手竞争，而是要开创"蓝海"，即蕴含庞大需求的新市场空间，以走上增长之路。这种被称为"价值创新"的战略行动能够为企业和买方都创造价值的飞跃，使企业彻底甩脱竞争对手，并将新的需求释放出来。

了解了蓝海战略后，企业具体可以按照以下三个做法去开拓市场。

（1）多种方式深挖潜在市场

企业可以通过研究替代性行业、行业内的不同战略类型方式、客户链方式、互补性产品或服务、客户的功能性或情感性诉求等，来差异化地塑造自身产品的卖点，打破现有竞争局面，开创蓝海。

（2）跨越现有消费者需求

为了使蓝海规模最大化，企业需要改变传统的战略思维。除了现有消费者，企业还更加需要关注潜在消费者，将潜在消费者置于现有消费者之前，将合并细分市场置于多层次细分市场之前，从而让公司超越现有需求，开辟一片之前未曾有过的庞大的客户群。

（3）克服认知与资源障碍

在制订了蓝海战略后，企业还面临着诸多挑战，比如员工的不理解、资源配置没有到位，这些都使蓝海战略不能顺利实施。企业执行蓝海战略只有克服这些障碍才能降低组织风险，才能推动蓝海战略的落实。同时，企业应加大对基层员工的宣讲和培训，让员工自下而上拧成一股绳，共同开拓新市场。

第 **7** 章

博弈经济学

每天学一点经济学，多些理性少些冲动

人们的工作和生活，可以看作是永不停息的博弈决策过程。博弈，是一种人生智慧，生活在这个世界上我们每天都要与人打交道，不可避免地要面对各种矛盾和冲突。而博弈论与经济学又有着密切的关系，因此要想在博弈中占据主动地位，必须了解经济学。

59. 零和与正和、负和博弈：怎样才算真的赢

经济学里最伟大的发现之一是博弈论，它的复杂深奥超乎很多人的想象。博弈论包括零和博弈、正和博弈以及负和博弈。

（1）零和博弈

关于零和博弈，我们先来看一个小故事。

案例1

曾有这样一则寓言故事，讲的是狐狸与狼之间的博弈：

一天晚上，狐狸踱步来到了水井旁，低头俯身看到井底水面上月亮的影子，以为那是一块大奶酪。饿得发昏的狐狸跨进一只吊桶，下到了井底，把与之相连的另一只吊桶升到了井面。但一下来，它才发现这哪是奶酪，自己已铸成大错，上也上不去了，长期下去就只有等死。

两天两夜过去了，没有一只动物光顾水井。时间一分一秒地不断流逝，银色的上弦月出现了。沮丧的狐狸正无计可施时，刚好一只口渴的狼途经此地，狐狸不禁喜上眉梢，它对狼打招呼："喂，伙计，我免费招待你一顿美餐你看怎么样？"看到狼被吸引住了，狐狸于是指着井底的月亮对狼说："你看到这个了吗？这可是块十分好吃的干酪，这是家畜森林之神用牛奶做出来的。我已吃掉了这奶酪的一半，剩下的一半也够你吃一顿的了。就请委屈你钻到我特意为你准备好的桶里下到井

里来吧。"

狐狸尽量把故事编得天衣无缝，这只狼果然中了它的奸计。狼下到井里，它的重量使狐狸升到了井口，这只被困两天的狐狸终于得救了。

这个故事里，狐狸和狼所进行的博弈就是零和博弈。零和博弈属于博弈论其中的一个概念，是一种非合作博弈，指的是参与博弈的双方在严格竞争下，一方获得收益必然意味着另一方承受损失，博弈各方的收益和损失相加的总和永远为"零"。在零和博弈中，双方不存在合作的可能，一方的所得必是另一方的所失，双方的利益并不会增加。

（2）正和博弈

我们可以通过下面这个故事，来了解一下正和博弈。

案例2

古时候有个地少人多的山村，村子里的百姓因为手里没有地，所以世世代代租种村里三家大地主的地，勉强维持着生活。

王家的当家人王百万觉得，把手里的那点山地租出去实在不合算，由于山地粮食的产量不高，所以他每年从租种山地的佃农那里收回来的粮食并不多。于是，他就想把佃农手里的山地先收回来，好好改造一下，争取把手里的这些山地都改造成山下的良田，然后再租给村里的佃农，这样自己就可以多得一些粮食了。

于是，他把租种自己山地的杨家、张家、李家三家的当家人请到家里。三家佃农听王百万说要收回山地，心里非常着急。因为他们手中一点地都没有，只是靠着那些山地勉强生活，现在王百万要把地收回去进行改造，他们就没地种了，没有地种就没有粮食吃，全家人就要挨饿。况且他们很清楚王百万所说的山地改造是个大工程，不是一时半会可以完成的。他家里粮食多不怕等，可是他们是贫苦佃农，家里没有多少存粮，实在没办法等那么长时间。于是，他们听了王百万的话都默不作声，各自回家思考对策。

第一天，杨家的当家人找到王百万苦苦哀求说："我们全家人都靠着手里的这块地过活，您要是把这块地收走了，那我们就得挨饿，说不定还会饿死了。山地改造是个大工程，需要投入大量的人力和物力，况且就算改造成功，或许也不会多收多少粮食，所以还是不改为好。请您念在乡亲的份上不要收回山地，您的大恩大德我们杨家永远不会忘记。"

王百万听了很为难地说："这荒山野岭根本就收不了多少粮食，我也是实在没有办法才收回山地的。你放心，我把山地改造成功后还会让你们继续种，到时候我们都可以收点粮食，这样不是很好吗？如果你家没有粮食吃了，我一定会借给你，不会让你们挨饿。"

杨家的当家人听王百万这么说，知道他已经铁了心要收回山地，只能离开了。张家当家人听说杨家没能说服王百万，就把家里的青壮年组织起来，他们一起来到王家，对王百万说："那点山地是我们的命根子，现在你要收回就是要我们的命，我们绝不允许你这么做。"王百万听他们这么说非常生气，马上报告官府，然后在官府的帮助下强行收回了张家租种的山地。

　　就在王百万考虑怎样收回李家所租种的山地时，李家当家人李昭来找他了。一见面李昭就对他说："您要收回自己的地是天经地义的事，我们都不反对，可是我觉得这样做其实是一件弊大于利的事情。您收回山地其实就是想多得些粮食，可以多卖钱，但是我可以告诉您，就算不收回山地，您也可以多得钱，而且还不用您投入人力、物力去改造山地。"

　　王百万一听，就算不收回山地也能多得钱，马上就来了兴趣，问道："这话怎么说？"李昭听他这么问，立刻知道他已经动心了，于是笑着回答说："山上的树木可以做家具，也可以卖钱，树上的蜂窝每年都可以产出很多蜂蜜。我们再养些鸡鸭，然后把它们卖给镇上的酒店，这不也是一条财路吗？咱们可以合作，您把山地租给我，再给我一点劳务费，我帮您种树、采蜜、养鸡鸭，这不是一件双方都能获利的事情吗？"

　　王百万听了，非常高兴，马上把其他两家租种的山地也交给了李昭。

上面的故事里，三家佃农面对地主分别采取了恳求、激烈抗争、与地主实现合作共赢的对策，结果只有第三家佃农保住了手里的山地，他也因为与地主的合作而获得了额外的利益。这样的合作也让地主不需要下大力气改造山地，就获得了比较不错的经济效益。

在经济学上，这种两个竞争对手在竞争中进行合作并由此实现了共赢的现象，被称为正和博弈，也叫合作博弈，就是指博弈双方的利益都有所增加，或者至少是一方的利益增加，而另一方的利益不受损害，因而整体的利益是有所增加的。

（3）负和博弈

负和博弈是我们最不希望看到的一种类型的博弈，让我们一起来看下面的故事。

案例3

2008年，深圳某公司发生了一件不幸的事：公司的离职员工钟某因为对补偿金的数额严重不满，所以就在办公室引火自焚，而且还烧伤了公司经理吴某。虽然大火被及时扑灭，但是他们两个人都被严重烧伤，办公室也受到破坏，造成了不小的损失。

原来钟某本是公司的一名班车司机，可是2008年公司因为业务调整要求，包括钟某在内的11名司机，要么转岗，要么解除合同。

结果有4名司机选择转岗，包括钟某在内的7名司机选择解除劳动合同。既然是解除劳动合同就涉及了经济补偿的问题，可就是这个问题让钟某很不舒服。原来在7名离职司机中，有的人得到了最高14万元的补偿金，可是钟某却只得到了4万多元的补偿金。

他决定找公司要个说法，于是多次找到公司的相关领导交涉，公司最后同意将他的补偿金提高到7万元，可是这和钟某要求的14万元相比，还整整相差了7万元。所以钟某并没有接受公司提出的条件，还是继续找公司领导交涉，公司一口拒绝他的要求。

钟某最后采取了极端手段去反对这种不公平。事情发生后，钟、吴二人立刻被送进医院，经过抢救虽然脱离了生命危险，但是钟某烧伤严重。除此之外，他因为故意伤害他人、毁坏企业财物，所以还面临着刑事和民事方面的责任追究以及天文数字的未来康复治疗费用，可以说他的后半生因为他一时的冲动就这样毁了，而他的家庭也陷入巨大的痛苦之中。

另一方面，该公司也受到了巨大的损失，它不仅要为钟、吴二人支付巨额医疗费，企业形象也严重受损。

上面这场纠纷就是典型的负和博弈，故事的最后，没有人是赢家，大家都没有受益。负和博弈，也称作负和游戏，指的是双方冲突和斗争的结果是所得小于所失，就是我们通常所说的其结果的总和为负数，也是一种两败俱伤的博弈，结果双方都有不同程度的损失。

综上所述，零和博弈的结果是"损人利己"，正和博弈的结果是"利己不损人"，负和博弈则是"损人也损己"。

随着经济高速增长，全球化局面进一步深化，"零和博弈"观念正逐渐被"双赢"观念所取代。

（1）放下私欲，有效合作

"利己"不一定要建立在"损人"的基础上，通过有效合作，双赢的局面是可能出现的。但从"零和博弈"走向"双赢"，要求各方要有真诚合作的精神和勇气，在合作中不要耍小聪明，不要总想占别人的小便宜，要遵守游戏规则，否则"双赢"的局面就不可能出现，最终吃亏的还是自己。

（2）拥有相同的目标，付出相等的努力

实现双赢需要参与合作的人都是一条心，目标一致，同时必须在合作中付出相等的努力，不能相互推诿。只有找到合适的人，与他开展取长补短的合作，才能达成共赢。当然不只是与工作伙伴合作，还要与你的消费者合作，比如：只有提供给消费者需要的东西，他才会付费，所以想赚钱之前，先想想能给顾客提供什么吧。

60. 纳什均衡：己所不欲，勿施于人

2015年5月23日，电影《美丽心灵》的主人公原型约翰·纳什不幸车祸去世。你也许听说过他是厉害的数学家、诺贝尔经济学奖

得主，实际上，约翰·纳什的重大贡献之一是在经济学界首次提出了纳什均衡。

所谓纳什均衡，指的就是参与人的这样一种策略组合，在该策略组合上，任何参与人单独改变策略都不会得到好处。换句话说，如果在一个策略组合上，当所有其他人都不改变策略时，没有人会改变自己的策略，则该策略组合就是一个纳什均衡。

让我们一起来看下面的例子。

案例4

假定甲、乙、丙三个枪手彼此痛恨，准备决斗。甲枪法最好，十发八中，乙枪法次之，十发六中，丙枪法最差，十发四中。

如果三人同时开枪，并且每人只发一枪，第一轮枪战后，谁活下来的机会大一些？

一般人都会认为甲的枪法好，活下来的可能性大一些。但合乎推理的结论是，枪法最糟糕的丙活下来的概率最大。

因为乙对甲的威胁要比丙对甲的威胁更大，甲应该首先干掉乙，这是甲的最佳策略。

同样的道理，枪手乙的最佳策略是第一枪瞄准甲。乙一旦将甲干掉，乙和丙进行对决，乙胜出的概率自然大很多。

而对于枪手丙来说，最佳策略也是先对甲开枪，因为乙的枪法毕竟比甲差一些，丙先把甲干掉再与乙进行对决，丙的存活概率还是要高一些。

但是在第一轮枪战后，丙有可能面对甲，也可能面对乙，甚至同时面对甲与乙，除非第一轮中甲和乙都死。所以第二轮丙就一定处于劣势，因为不论甲或乙，他们的命中率都比丙的命中率高。

让我们现在改变游戏规则，假定甲、乙、丙不是同时开枪，而是轮流开一枪。

先假定开枪的顺序是甲、乙、丙，甲一枪将乙干掉后，就轮到丙开枪，丙有40%的概率一枪将甲干掉。即使乙躲过甲的第一枪，轮到乙开枪，乙还是会瞄准枪法最好的甲开枪，不管乙这一枪是否干掉了甲，下一轮仍然是轮到丙开枪。无论是甲或者乙先开枪，丙都有先开枪的优势。

如果是丙先开枪，情况又如何呢？丙可以向甲先开枪，即使丙打不中甲，甲的最佳策略仍然是向乙开枪。但是，如果丙打中了甲，下一轮乙就会开枪打丙。因此，丙的最佳策略是胡乱开一枪，只要丙不打中甲或者乙，在下一轮射击中他就处于有利的形势。

我们通过这个例子，可以理解人们在博弈中能否获胜，不单纯取决于他们的实力，更重要的是取决于博弈方实力对比所形成的关系。

上面的例子就是著名的"枪手博弈"，乙和丙实际上是一种联盟关系，如果先把甲干掉，他们的生存概率都上升了。但任何一个联盟的成员都会时刻权衡利弊，一旦背叛的好处大于忠诚的好处，联盟就会破裂。

在乙和丙的联盟中，乙肯定比丙更加忠诚。因为只要甲不死，乙的枪口就一定会瞄准甲。但丙就不是这样了，丙不瞄准甲而胡乱开一枪显然违背了联盟关系，丙这样做的结果，将使乙处于更危险的境地。我们不难看出，合作才能对抗强敌。只有乙丙合作，才能把甲先干掉。如果乙丙不和，乙或丙单独对甲都不占优势，必然被甲先后解决。

枪手博弈的结果对亚当·斯密的"看不见的手"的原理提出挑战，因为原本按照经济人理性假设，每个人出于利己的目的，最终会达到双赢的结果。但实际上，现实生活中人们并不会这样做，大家往往从利己目的出发，结果既不利己，也不利他。

总而言之，纳什均衡指的是：在一个博弈过程中，无论对方的策略选择如何，当事人一方都会选择某个确定的策略，则该策略被称作支配性策略。如果两个博弈的当事人的策略组合分别构成各自的支配性策略，那么这个组合就被定义为纳什均衡，又称为非合作博弈均衡。

当每个博弈者的均衡策略都是为了达到自己期望收益的最大值，其他所有博弈者也将同时遵循这样的策略，纳什均衡在现实生活中经常能够见到。

所以，你可能不禁要问，我们怎么才能对抗纳什均衡呢？让我们一起来看下面的故事。

案例5

一天，一对夫妇在拥挤的百货商场失散，事先也没有约定见面的地点，而恰好他们又都忘记带手机了，他们还能找到对方吗？

也许一方一直认为，对方也希望在一个双方都认为比较醒目的地点与自己会合，因为夫妻双方都认为该地点比较醒目，易于发现对方或被对方发现。而且，一方不会轻易判断对方首先要去的地方，因为在上述情况下，对方首选的地方可能也是其所希望的。换言之，无论发生什么情况，一方所到之处都将是对方所期望的地方。

所以对上面这对夫妇来说，对抗纳什均衡的最佳利器就是默契，也就是在进行下一步的选择时，两人要使用同样的思考方式。这样，你不禁会问了，要达到这样的默契实在太难了吧？但实际上，在生活中，我们经常能看到这样"心有灵犀"的时刻，比如：小两口为小事赌气吵架了，谁也不理谁。但一天之后，大家彼此心中都有点后悔，只是碍于面子谁也不好意思先开口。三天后，终于忍不住了，一个眼神，一句话，一场冷战也就结束了。

学习了纳什均衡，我们受到了以下启发。

（1）合作是有利的利己策略

纳什均衡揭示了现实社会中的一条真理：合作是有利的利己策略，但前提是"人所不欲勿施于我"，即按照你愿意别人对你的方式来对待别人，但只有他们也按同样方式行事才行。只有团队中的人进行共谋，形成一种默契，也就是一种潜在的契约关系，在这个前提下才能进行团队合作，获得整体的利益。

（2）企业应该是人人都可以获益的合作场所

由于个体利益与目标的差异，在企业内部，员工之间必然存在合作与竞争。如果团队中没有形成一种默契，或一种潜在的契约关系，团队的个体会自发地选择利己的最佳策略，没有人会主动地改变自己的策略以便使自己获得更大的利益。这就意味着没有人会主动地进行团队合作，以使团队或个人获得更大的利益。

61. 囚徒困境：让利益最大化的理性选择

1950年，数学家塔克任斯坦福大学客座教授，在给一些心理学家作讲演时，曾讲到两个囚犯的故事。后来，这个故事成了经济学上的经典案例，让我们一起来看一下"囚徒困境"的例子。

案例6

假设有两个小偷A和B联合犯事，私入民宅被警察抓住。警方将两人分别置于不同的两个房间内进行审讯，对每一个犯罪嫌疑人，警方给出的政策是：如果一个犯罪嫌疑人坦白了罪行，交出了赃物，于是证据确凿，两人都被判有罪。如果另一个犯罪嫌疑人也坦白，则两人各被判刑8年。如果另一个犯罪嫌疑人没有坦白而是抵赖，则以妨碍公务罪再加刑2年，而坦白者有功被减刑8年，立即释放。如果两人都抵赖，则警方因证据不足不能判两人的偷窃罪，但可以私入民宅的罪名将两人各判入狱1年。

　　如果你现在站在"上帝视角"，显然最好的策略是双方都抵赖，结果是大家都只被判1年。但是由于两人处于隔离的情况，首先应该是从心理学的角度来看，当事双方都会怀疑对方会出卖自己以求自保。之后才可根据亚当·斯密的理论，假设每个人都是"理性的经济人"，都会从利己的目的出发进行选择。这两个人都会有这样一个盘算过程：

　　"假如他坦白，如果我抵赖，得坐10年监狱，如果我坦白最多才8年。假如他要是抵赖，如果我也抵赖，我就会被判1年，如果我坦白就可以被释放，而他会坐10年牢。这样考虑下来，不管他坦白与否，对我而言都是坦白了划算。"

　　最终结果就是，两个人都选择了坦白，结果都被判8年刑期。

　　囚徒困境指的是两个被捕的囚徒之间的一种特殊博弈，说明为什么甚至在合作对双方都有利时，保持合作也是困难的。

　　囚徒困境是博弈论的非零和博弈中具有代表性的例子，揭示了个人最佳选择并非团体最佳选择。虽然困境本身只属模型性质，但现实中的价格竞争、环境保护、人际关系等方面，也会频繁出现类似情况。让我们一起来看下面的例子。

案例7

　　某年，电视台举办春晚，进行广告招标，有两家公司A和B前来竞标。两家公司相互竞争，彼此抬价，导致成本飞增，这样下去不管谁竞标成功，都不会有好结果，但如果放弃，就会被对方夺取潜在客户群，所以两家公司准备争个你死我活。

后来，有人建议两家公司开展合作，共同商议一个合适的价格然后报给电视台，并约定播放各自广告的时间分配，这样一来，既做到成本可控，双方又可以都有一定的广告时间，来竞争潜在市场。

从上面的例子，我们可以看出，囚徒困境所反映出的更深刻问题在于：人类的个人理性有时能导致集体的非理性，甚至损害集体和行业的利益。

囚徒困境告诉我们一个道理：合作双赢。

（1）用集体眼光看待问题

我们必须正视生活中的各种"囚徒困境"，注重合作，注重策略选择，必须意识到对于个人利益而言的理性选择，可能对于团体来说不是最佳选择。只有彼此增进信任，才能携手走出困境。

（2）企业应该避免员工走向囚徒困境

企业管理层应该从入职开始，就对员工进行团队意识教育、文化宣讲，引导员工自觉地为集体努力，应设置各种团体指标，而非一味重视个人KPI考核。否则，可能会因陷入囚徒困境的员工的个人理性决策导致集体的非理性结果，企业可能陷入管理混乱，甚至招致损失。

62. 博弈中的信息论：信息等同于财富

中途岛战役是美国海军以少胜多的著名战役。

第二次世界大战太平洋战争爆发后，美军一直寻找机会报珍珠港一箭之仇，1942年4月18日利用16架B-25轰炸机空袭了日本首都东京。由于首都受到轰炸，日本政府命令日本海军联合舰队击沉美国所有在太平洋海域的航空母舰。

为此，日本联合舰队制定了袭击中途岛的周密作战计划。当时的美军太平洋舰队，无论在舰艇数量和进攻能力上都处于劣势，战列舰和航空母舰数量仅为日本联合舰队的一半。太平洋舰队司令尼米兹上将非常清楚这种态势，随时准备应对来自日本联合舰队的强大攻击。但日本人在什么时间、什么地点发起进攻，尼米兹还没有准确判断。

由于美国政府和社会舆论再也不允许美国海军被日本人偷袭了，为了确定日本海军的行动目标，尼米兹决定启用他的"秘密武器"——罗奇福特少校。

案例8

罗奇福特少校虽然军衔不高，却与舰队司令尼米兹上将有着非同寻常的交往。他是个出色的密码分析专家，领导着一个密码破译小组。尼米兹对学有专长的人总是格外尊重和珍视，并不在意他官职和军衔的高低。1942年4月到5月期间，日本联合舰队异常频繁而神秘的电报，引起了罗奇福特的高度警觉。

破译小组通过侦获到的大量无线电密码通信，初步掌握了日本海军近期将在太平洋中部采取一次大规模军事行动的迹象，但对作战地点还没有弄清。听到罗奇福特的报告后，尼米兹极为关注。罗奇福特进一步发现，在截获的一系列日军的往来电报中，经常提到"AF"两个字母，但一时还不清楚它指的是什么。

经过分析，罗奇福特初步判断"AF"很可能是日本人的攻击目标，同时根据日军电文所透露的种种迹象初步判断，"AF"很可能是指中途岛或附近地区，但一时还无法证实这个判断是否准确无误。罗奇福特冥思苦想，觉得最好的办法是让日本人来"帮助"证实。

于是，罗奇福特向尼米兹建议：让中途岛美军用明码电报向珍珠港发出电文，谎称造蒸馏水的机器坏了，以此观察日军情报部门无线电通信系统的反应。尼米兹立刻批准了这一计划，让驻中途岛美军故意用浅显的明码拍发了一份"诱饵"电报。

两天后，日军不知其中有诈，遂由侦听通信队向总部发报称："AF"很可能缺乏淡水。一切都真相大白了！"AF"就是日军给中途岛起的代号。罗奇福特破译小组以此为突破口，顺藤摸瓜，一下子破译了反映日方舰队作战计划的所有电报。

就这样，尼米兹不仅清楚地掌握了日军夺取中途岛的战略企图，而且还查明了其参战兵力、舰船数量、进攻路线以及作战时间，甚至连对方各舰舰长的名字都了如指掌。后来，尼米兹将计就计，在中途岛提早设伏，消灭了日本联合舰队。

　　从上面这个以少胜多的案例，我们不难看出，信息在战争中的重要地位。如果美国不能截获日本的信息，那么战斗结果可能又是另一种结局。在现代社会，实际上处处存在各种"战争"，比如职场竞争、国家纷争、商场之争，一条极有价值的信息可能瞬间扭转局势，让原本的赢家溃败，让输家绝地反击，这就是信息论想告诉我们的道理。

　　那么信息到底是什么？信息是文章、声音、图像吗？乍一看好像是，但仔细想想又不是，它们只是媒介，信息只是加载在媒介上的而已。1948年，美国数学家、信息论创始人克劳德·艾尔伍德·香农在标题为《通信的数学理论》的论文中给出了回答：信息是用来消除随机不定性的东西。信息是创建一切宇宙万物的最基本单位。

　　香农创立了三大定理，成了信息论的基础理论，当然这就是非常学术的层面了，我们普通人学起来可能比较费劲。但你要知道，信息可能比我们大多数人想象中的还要重要。让我们再举一个真实的案例。

案例9

　　新中国成立初期，石油严重短缺。然而，石油作为一种非常重要的战略物资，对国家的发展至关重要。因此，油田勘探开发成为当时亟待解决的问题。

幸运的是，在李四光、谢家荣等一批杰出地质学家的努力下，大庆油田于1959年被成功发现，四年后，我国基本实现了石油的自给自足。但为了避免被外人发现，中国政府一直对大庆油田保密。

　　直到1964年，国家才决定公开大庆油田，《大庆精神大庆人》通过广播、报纸等媒体向世界各地传播，内容刻意回避了大庆油田的具体位置、年产量、处理能力等重要信息。后来，《中国画报》刊登了王进喜工作时的照片，引起全国上下一片欢腾。然而，令人惊讶的是，日本人通过这张照片揭开了大庆油田的"秘密"。

　　在这张照片中，可以看到王进喜戴着一顶帽子，穿着一件厚棉袄，手里握着钻机手柄，正望着前方。但在日本间谍机构看来，图片中的信息价值巨大。一方面，王进喜穿着厚衣服表明当地气候非常寒冷，只有在北纬46°到48°的冬天才需要。这一情报使大庆油田的位置缩小到北方齐齐哈尔和哈尔滨的边界。后来，前来中国的日本人发现，从东北开过来的油罐车上有很厚的一层土，于是就通过土的颜色和测量火车每百公里的降尘量，得出了大庆油田的大体位置。

　　此外，在相关报道中，还有几句话也引起了日本情报部门的注意："钻探始于北安附近……""王进喜一到马家窑……"如此不起眼的几句话，却成了日本人"解密"的线索。首先，"窑子"是东北地区特有的地名，这就证明了大庆油田确实位于东北地区。后来，日本情报人员在查看地图时，在黑龙江东南部发现了一个叫马家溪的村庄，距离北安铁路上的一个车站只有10公里。

于是，日本人得到了大庆油田的准确位置。

如今，大庆油田这一事件已成为中国经济史上最著名的"照片泄露"事件之一，科研信息保密的重要性已经被提升至前所未有的高度，信息保密是我国实施国家安全战略的必然要求，也是实现我国经济社会发展的特殊需要。

信息对每一个人都特别重要，具体表现在以下两点。

（1）信息是我们生存发展的需要

人类是社会性动物，一个人要在群体中生存下去，就必须及时了解各种信息，包括外部环境的变化、内部群体的改变等，一旦态势发生扭转，我们才能及时做出正确的对策。

（2）信息满足我们的精神需要，也时刻蕴藏着机会

人类是一种复杂的高等生物。对于我们而言，积极的信息能够刺激我们的神经，满足心理的需求，比如美的事物、开心的消息。而消极的信息可能揭示着一些不良现象，但也往往蕴含着重大的机会。阿里巴巴创始人马云就曾经说过：永远别抱怨，当别人抱怨的时候，你的机会就来了！有人觉得手机看书刺眼，于是有了电纸书；有人觉得烧饭好麻烦，又懒得走出去吃饭店，于是有了外卖。这样蕴藏着机会的信息比比皆是，就看你抓不抓得住了。

63. 懦夫博弈：狭路相逢勇者胜

在学习"懦夫博弈"前，我想问你，听说过"斗鸡博弈"吗？
先让我们来看下面的故事：

两只愤怒的斗鸡正在争斗，如果想要取得胜利，必须气势汹汹、勇往直前，但这样很可能造成两败俱伤。如果一方退却了，另一方仍然坚持战斗，那么这只公鸡，则会被视为勇士，相反，退却了的那只，则沦为懦夫；而如果双方都退却，则打成平手。

对于竞争中的任何一个人而言，这就是"懦夫博弈"，要想在这样的博弈中胜出，最好的结局是，对方退缩，而自己不退缩。懦夫博弈，又被称为胆小鬼博弈、鹰鸽博弈，指的是在一场博弈中，两个参与者都不屈服，那么可能会发生最坏的结果。

在懦夫博弈中，比拼的是谁更有威慑力。

20世纪50年代，美国有一部电影《无因的反叛》，影片中主角迪恩和他的同学约定沿着一条笔直的公路，面对面开车，谁能坚持到最后调转车头，谁就获胜。可以借这个故事简单地理解懦夫博弈，首先调转车头的那个人就会在经济学上被视作"懦夫"。

不过大家要知道的是，这只是故事，如果双方都是"勇士"，最后必定车毁人亡，在实际生活中大家千万不要模仿。

假设A和B两个人沿着一条路，从相对的方向迎面走向彼此，谁最后调转方向谁就算赢。对于A来说，如果B比他更强硬、更勇猛，而且B执意向前，此时最好的办法就是转向认输，否则硬碰硬，两败俱伤；对B来说也是如此。

从上面分析不难看出，对于A和B来说最好的策略就是"敌退我进"和"敌进我退"，也可以总结为"打得赢就打，打不赢就跑"。总而言之，在自身实力处于下风时，切忌"打肿脸充胖子"。相反，当自身实力高出对手很多时，要敢于竞争到底。

懦夫博弈是博弈论里面的一种特殊形式，给我们有以下两个启示。

（1）该强硬时就强硬

在企业或组织中，有的管理者外表强硬，对外树立不近人情的铁腕形象，尤其在与其他人产生争议时，往往会令对方畏惧而不敢与其针锋相对。在职场上，领导与员工之间有着共同的利益，两败俱伤不是最优选择。作为普通员工，我们需要做的是：不卑不亢，做好自己分内的工作，但一旦遇到底线问题，该强硬还是要强硬，不能在职场中任人拿捏。

（2）该跑的时候就要跑

假设你误入一片森林，遇到一头黑熊，黑熊眼露凶光，喉咙里发出愤怒的嘶吼，明显就是要对你发起攻击。那么，你现在会怎么做？答案只有一个：跑！留得青山在，不怕没柴烧。

在现实生活中，如果在某一竞争领域，我们就是实力明显处于弱势的那一方，那么暂时离开就是最好的选择。老一辈常说：敌退我进，敌进我退，打得赢就打，打不赢就跑。有时候，明哲保身并不是懦弱。

64. 博傻理论：是什么在驱使投机行为

在资本市场里，有一个著名的博傻理论。让我们先一起来看下面这个有趣的故事。

案例10

一位石油大佬去天堂开会，他兴冲冲地跑进会议室，发现座无虚席，早已经没了他的座位。于是他灵机一动，大喊一声："大家注意啦！听说，有人在地狱发现了石油！"

此言一出，惊起千层浪，天堂里的石油大佬们都想赌一把，争先恐后地奔向地狱，生怕落后一步被别人抢走了利润。这时天堂顿时空了下来。这位发布消息的石油大佬正准备找个座位歇歇时，突然听到外面有一大群的人在议论地狱的石油是多么丰富。这位大佬愣住了，莫非地狱真的发现了大量的石油？于是他又急匆匆地跑向地狱。

结果，地狱中并没有石油，只是空欢喜一场。

从上面的故事，你有什么感悟？地狱里有没有石油就是一场投机，人们受到利润驱使，连地狱都敢下去，这样的盲目跟风，最后总有一个"傻子"会一不小心成了游戏的最后接盘者，而在这个故事里，最后的接盘者就是这位石油大亨他自己。

在经济学上，这个故事可以引出一个理论，就是博傻理论，即在资本市场，比如股票、期货市场，疯狂的人们会有一个买涨的心理，完全不管某个商品的真实价值而愿意花高价购买，因为他们预期未来会有更傻的人花更高的价格，从他们那儿把这个商品买走。

通过博傻理论，我们可以了解：在资本市场里，投机能否成功关键是判断"有没有比自己更傻的傻瓜"，只要自己不是最"傻"的，那么自己就一定是赢家，只是赢多赢少的问题。

博傻理论生动形象地描绘了股市、楼市中疯狂的场景。实际上，博傻理论源自英国著名经济学家约翰·梅纳德·凯恩斯的故事。

案例11

曾经，凯恩斯为了能够专注学术研究，免受金钱的困扰，外出讲课以赚取课时费，但课时费的收入毕竟是有限的。于是，他在1919年8月，借了几千英镑去做远期外汇。

仅仅4个月的时间，凯恩斯净赚1万多英镑，这相当于他讲课10年的收入。但3个月后，凯恩斯把赚到的利润与借来的本金输了个精光。7个月后，凯恩斯又涉足棉花期货交易，结果又大获成功。

凯恩斯把期货品种几乎尝试了个遍，而且还涉足于股票。到1937年，他因病而"金盆洗手"的时候，已经积攒起一生享用不完的巨额财富。

与一般赌徒不同，作为经济学家的凯恩斯在这场投机的生意中，除了赚取可观的利润之外，最大也是最有益的收获是发现了"笨蛋理论"，就是现在人们常说的博傻理论。

但并不是谁都像凯恩斯这样有这么好的运气，让我们一起来看一下牛顿的故事。

案例12

1720年，英国掀起股票投机的狂潮。其中，有这样一个插曲：一个名不见经传的人创建了一家莫须有的公司。自始至终，没有人知道这是一家什么公司，但认购时，近千名投资者争先恐后，差点把大门挤倒。实际上，没人信他真正获利丰厚，只不过相信会有更笨的笨蛋在自己后面接盘，价格会上涨，自己能赚钱而已。有趣的是，牛顿就参与了这场投机，并最终成了"最笨的笨蛋"。牛顿不禁感叹：我能计算出天体运行，但人们的疯狂实在难以估计。

所以，从牛顿投资失败的故事，你可以知道什么？我们普通人千万不要跟风投机炒作，一旦你起了贪念，亏损可能就会找上你，甚至把你带向破产的悬崖！

博傻理论告诉我们：

（1）千万别做最后一个"傻瓜"

博傻理论告诉我们，只要你不是最后的那个"傻瓜"，你就会是赢家。博傻理论只能在股市处于上升行情中适用。从理论上讲，博傻理论揭示出一个现象：高价之上还有高价，低价之下还有低价，其游戏规则就像接力棒，只要不是接最后一棒都有利可图，只有接到最后一棒的人才会损失。所以，你必须要时刻睁大眼睛，别做最后一个"傻瓜"。

投资就像吃鱼，你不需要从头吃到尾，只要吃鱼腹就可以了，千万不要做最后一个吃鱼的"傻瓜"，等你进来，可能只剩下一把鱼骨头。

（2）任何投资都不能全仓

在资本市场，我们普通投资者往往有一个非常不好的投资心理：追涨杀跌。为什么会有这种心态？重仓，甚至是全仓，是导致心态崩塌的一个重要原因。看到上涨，大家不惜一切纷纷买入，不计一切后果，但一看到下跌立即止损，也是毫不犹豫。这样的结果就是，我们每次交易都是高价买入，低价卖出。

成熟的交易员不会在浮亏的那天卖出股票。股票市场瞬息万变，暴涨暴跌每日都会发生，心理承受力不好的投资者非常容易做出"傻瓜"式的选择。因此，任何时刻都不要全仓，要给自己留有余地。

65. 概率事件：信息不对称情况下的博弈对策

我们都了解信息的重要性，那么当博弈中出现信息不对称的情况，会造成什么样的后果呢？让我们一起来看下面的例子。

案例13

　　在拍卖商品或工程招投标中，参加拍卖的潜在买主愿意为拍卖品所支付的最高价格或参加工程招投标的投标者愿意为工程开出的最低价格只能是各个潜在买主或投标者心中的秘密，其他人是不清楚的，即使潜在买主或投标者告诉其他人他们愿接受的最高价格或最低价格，其他人也不会相信他们说的是真的。这时就产生了一个信息不对称的情况，在后续的竞拍中，信息不对称的人们相互博弈，为自己谋取利益的最大化。

　　上面的案例里，人们参与竞拍实际上就是一种不完全信息博弈，也被称作贝叶斯博弈，即指人们对其他参与人的特征、策略空间及收益函数信息了解得不够准确，或者不是对所有参与人的特征、策略空间及收益函数都有准确的信息，在这种情况下进行的博弈就是不完全信息博弈。在不完全信息博弈中，参与者对于对手的收益函数没有完全的信息。

　　当你与一个陌生人初次碰面时，你对他的性格、爱好、目的一无所知。实际上，即使是与你长期相处的人，你也很难说对他有多么深入的了解。因此，在现实生活中，不完全信息博弈一直存在。经济学家将不完全信息博弈分为两种类型：

（1）不完全信息动态博弈

在不完全信息动态博弈中，博弈者的行动会有先后次序，每个人知道其他人有哪几种类型以及各种类型出现的概率，但并不知道其他人具体属于哪一种类型。由于行动有先后顺序，后行动者可以通过观察先行动者的行为，获得有关先行动者的信息，从而修正自己对先行动者的行动。

著名的成语故事"黔驴技穷"，就是不完全信息动态博弈的一个例子。

案例14

因为老虎没有见过驴，所以不知道自己比驴强还是弱。老虎得出的策略是：如果自己弱，那就只能躲；如果自己强，那就吃掉驴。由于自己并不了解驴，老虎的做法是不断试探，来修正自己对驴的结论。如果驴表现温顺无能，老虎就提升"驴比自己弱"这一结论的概率。

最初，驴没有反应，老虎便认为驴不像强敌，胆子越来越大。后来，驴大叫，老虎以为驴要吃它，吓得逃走。但后来转念一想，又觉得不一定，于是继续试探，直到驴子踢老虎，老虎才觉得驴子"仅此技耳"。

最后，老虎得出并采取了自己强时的最优行动：吃掉驴。

这就是典型的不完全信息动态博弈，现实生活中这类情况非常多，比如：应聘者总是在简历上显示自己的优点，企业总是在谈判

时展示自己最有实力的一面，人们总是把最好的衣服穿在外面。所以，如果我们处于不完全信息动态博弈中，你会怎么做？最好的办法是：对于自己，扬长避短；对于他人，谨慎甄别。

（2）不完全信息静态博弈

在不完全信息静态博弈中，至少一个参与者不完全了解另一个参与者的特征，即不知道某一参与者的真实类型，但是知道每一种类型出现的概率，所有参与人在共同决策环境中同时选择行动策略，每个参与人只选择一次。暗标拍卖是典型的不完全信息静态博弈，让我们来看下面的例子。

案例15

在暗标拍卖中，每一个竞标者需要密封递交标书，之后在同一时间公证开标，标价高者即中标。在这样的博弈中，每个参与者的策略就是提出自己的标价，中标者的获益就是他对于拍卖标的的估价与成交价之间的差额，没有中标的参与者获益则为0。由于各个参与者的标书事先密封并事后同时公开，各个参与者在选择策略之前都无法知道其他参与者的策略，而且这是一个一次性的选择问题。因此，中标者的获益不但取决于标价，还取决于自己带有很大主观性的估价。而人们在估价上往往各有各的观点，且都各自保密，因此，对于参与者来说，不完全信息静态博弈相比不完全信息动态博弈而言缺少了"试探"的过程，增加了投机性。

在现实生活中，面对这样一场不完全信息静态博弈，我们只能在有限认知中，基于自己的利益最大化，来做出自己的决策，然后"输赢看天"。诺贝尔经济学奖得主约翰·豪尔绍尼对不完全信息静态博弈颇有研究，他认为：局中人可能对其他局中人的（或者甚至他们自己的）报酬函数，对其他局中人（或者甚至他们自己）拥有的物质或社会资源的策略，或者对其他局中人有多少有关博弈的各方面信息，等等，缺乏充分信息。不过，借助于适当建模，不完全信息的一切形式可以简化为局中人对彼此的报酬函数。

这里就涉及一系列复杂的函数分析，简要点说，就是每个参与者在给定自己的类型和其他参与人的类型的概率分布情况的前提下，其期望的效用达到最大化的那个决策就是不完全信息静态博弈的最优策略。

生活中、职场上存在诸多信息不对称的情况，可以按照以下方式去做。

（1）信息为王的时代，尽可能搜集更多更广的信息

我们都知道，信息完全对称是理想状态，但无论如何，我们也应通过各种渠道尽可能实现信息交流的畅通，减少信息不对称带来的危害，降低交易成本。同时，在现实生活中，我们要警惕各种信息散布者，警惕各种信息的真假。我们应该从自身出发，拓宽自己获取信息的渠道，提升自己处理信息的能力，尽量规避生活中由信息不对称引发的问题。

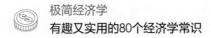

（2）企业可以通过释放市场信号，解决信息不对称问题

信息不对称不只对个人影响颇多，对企业亦是如此。比如，厂商研发了新产品，但苦于消费者信息不对称，没有带动销量。此时，厂商可以通过推出试用、以老换新等方式，推进信息的流动，使产品信息顺利抵达消费者。

第 **8** 章

国际贸易经济学

每天学一点经济学，
看清国际形势做好自己

一切贸易核心都是交易，而交易本质则是经济交易，因此交易必然涉及经济学。国际贸易比国内贸易要复杂得多，需要扎实掌握大量的经济学原理、知识，以清楚客观地认识经济现象、经济行为和发展趋势，并通过这些预测分析经济行为的效果。

66. 国际贸易：分工合作，优势互补

国际贸易指的是世界各个国家或地区在商品和劳务等方面进行的交换活动，是各国或地区在国际分工的基础上相互联系的主要形式，反映了世界各国或地区在经济上的相互依赖关系，是由各国对外贸易的总和构成的。

要解释国际贸易的来龙去脉，我们可以用下面这样一个例子。

案例1

某一个村庄里，有小A和小B两个小伙伴，他们都喜欢吃薯条和鸡肉。虽然两人都自己种土豆和养鸡，但小A相比小B更擅长制作薯条，而小B相比小A更擅长制作鸡肉。他们的效率分别如下：

小A制作1斤薯条的时间是1小时，而制作1斤鸡肉的时间是40分钟；

小B制作1斤薯条的时间是2小时，而制作1斤鸡肉的时间是20分钟。

有一天两个人在小酒馆喝酒，相互交流之下有了意外发现：

如果一天即24个小时，分别各半天来制作薯条和鸡肉，小A可以制作12斤薯条和18斤鸡肉，而小B可以制作6斤薯条和36斤鸡肉。也就是说，一天里，小A和小B共计制作18斤薯条和54斤鸡肉。

> 他们一寻思，不如小A专门制作薯条，小B制作鸡肉。如果这样，那么一天即24个小时，小A可以制作24斤薯条，小B可以制作72斤鸡肉，整体效率提高很多。
>
> 两人一合计，就这么干，等一天下来，小A和小B再按照半斤薯条换1斤鸡肉的标准来互换。这样，如果小A用12斤薯条换了24斤鸡肉，现在小A有12斤薯条和24斤鸡肉；之后，小B则用18斤鸡肉换了9斤薯条，现在小B有21斤薯条和30斤鸡肉。这样算下来，也比之前各自都生产薯条和鸡肉效率要高。
>
> 最后，两人一拍即合，这就是贸易诞生的原因。

如果上述故事里的小A和小B换成国家，那么他们两人之间的贸易就被称作国际贸易。在国际贸易中，每个国家只需要比别的国家在某一种产品生产上更具备优势，就可以开展贸易。这样一来，某种产品的生产效率会提高，而他们的获益会比贸易之前多得多。总而言之，国际贸易可以实现分工合作、优势互补。

要开展国际贸易，我们需要注意相关的风险防范，具体如下。

（1）政治风险

警惕一个国家执政党更替、国内政局变动、国家间关系的变化。这类事件的发生，可能导致该国对另外一个交易方所在国家的亲疏关系发生变化，直接反映在其在贸易政策上发生变化，进而体现在相应的法律层面。传统上认为这类事件只会发生在发展中国家或者不发达国家，而从现在来讲，发达国家同样会发生这类情形。

（2）法律风险

警惕新的法律制定颁布造成的原有法律的修改、废止，以及国家贸易的法律环境发生的变化与法律环境不确定性的增加，此外还有退出国际组织引发的规则适用性变化、法律环境从过去传统意义上的稳定性走向不确定性的风险。

（3）商业风险

警惕金融危机、汇率大幅震荡、市场供求发生重大变化、价格波动等带来的贸易环境不确定性以及违约行为发生可能性的增加。

（4）其他风险

警惕战争、军事行动、恐怖主义威胁、海盗或者发生外交争端等给国际贸易带来直接的风险。

67. 顺差与逆差：出口与进口的关系

外贸平衡数字反映了国与国之间的商品贸易状况，是判断宏观经济运行状况的重要指标，也是外汇交易基本分析的重要指标之一，它包括：贸易顺差、贸易逆差以及贸易平衡。为了更好地理解相关概念，让我们先一起来看看下面的案例。

> ### 案例2
>
> 　　有两个国家：A国与B国，A国土地肥沃，适宜种小麦、玉米等粮食作物，B国土地贫瘠，粮食作物生长不起来。每年B国都要从A国进口粮食，于是A国收到了很多B国货币，A国产生了贸易顺差，B国产生了贸易逆差。后来，A国越来越富饶，人民开始好吃懒做，B国人民则因为没有经济产业，到外国打工，反而越发勤劳，每年末都能带回国一笔不小的存款。当A国没有人在种粮食时，B国反而积累了大量财富，并改从粮食更优质的C国进口粮食。于是，B国通过收购A国土地，将A国土地据为己有。

　　从上面的故事，我们可以看出，贸易逆差与顺差只是一段时期的数据，随时都会因为经济形势的变化而变化。同时，贸易顺差能够增加本国净资本，而贸易逆差则会让本国净资本流失。

　　我国的货物进出口总额，包括进口额与出口额两个部分。出口额指的是一定时期内从国内出口的商品的全部价值，也称为出口贸易总额或出口总额。进口额指的是一定时期内从国外进口的商品的全部价值，也称为进口贸易总额或进口总额。当进口额小于出口额时，进出口贸易表现为顺差，也称为净出口额。当进口额大于出口额时，进出口贸易表现为逆差。

　　相关计算公式如下：

进出口总额＝进口额＋出口额

顺差额＝出口额－进口额

$$逆差额＝进口额－出口额$$

实际上，还有第三种外贸平衡数字，就是贸易平衡，即"进口额＝出口额"，它是最理想的贸易状态，但在实际生活中，完全的贸易平衡少之又少，大部分国家都或处于贸易逆差，或处于贸易顺差的状态。

（1）贸易顺差

贸易顺差，也被称为贸易出超，指的是一个国家或地区在一定时期内的出口额大于进口额的现象，表明一国或地区在国际贸易竞争格局中处于优势地位，大量出口带来了大量的外汇盈余。但真的贸易顺差越多越好吗？答案是否定的，原因如下。

① 说明一国经济结构不够优化，本国经济增长过于依赖外部需求。

② 过多的贸易顺差使得外汇占款增加，本国货币有贬值压力，不利于货币汇率机制改革。

③ 大量外资热钱涌入，导致国内通货膨胀率上升，不利于民生安定和经济健康发展。

（2）贸易逆差

贸易逆差，也被称为贸易入超，指的是一个国家或地区在一定时期内的进口额大于出口额的现象，表明一国或地区的对外贸易处于较为弱势的地位，大量进口需要用更多的外汇储备支付，同时，大量的贸易逆差将使国内资源外流加剧，外债增加，影响国民经济正常有效运行，商品的国际竞争力被削弱。因此，政府应该设法避免出现长期的贸易逆差。

当然，贸易逆差也并不会都带来坏处，具体益处如下。

① 适当逆差有利于缓解短期贸易纠纷，有助于贸易长期稳定增长。

② 贸易逆差实际上等于投资购买生产性的设备，既可补充国内一些短缺的原材料，还能提高生产能力，增加就业以及增加经济总量。

③ 贸易逆差能够减少人民币升值的预期，减缓资本净流入的速度。

④ 短期的贸易逆差有助于缓解一国通货膨胀的压力，但不利于我国货币政策实行。

那么，对于一国或地区，到底贸易逆差好还是贸易顺差好？答案其实很简单，与通货膨胀类似，适度的贸易顺差是比较理想的经济指标。

了解了贸易顺差和逆差，可以给我国开展出口贸易的中小企业如下启示。

（1）规范企业结构，提升管理水平

中小企业应该规范企业公司治理结构，提高企业管理者的经营管理水平。要知道，公司治理结构的规范与否不仅影响投资决策和资金筹措，而且也影响公司的管理效率和内部凝聚力，是决定企业融资能力强弱的必要条件。

（2）完善法务系统，增强法务人力资源建设

中小企业在国外最容易遭受的风险就是法律风险，因为不熟悉出口地的政策，很容易引发贸易争端，比如信用证存在不符点导致

后续无法兑付货款，以至于造成重大经济损失。中小企业应该尽快完善法务系统，增强法务人力资源建设，为企业提供交易与诉讼支持，指导公司治理、法规方面的合规事务以及企业行为规范等。

（3）积极提升企业竞争力，打铁还需自身硬

与大企业相比，中小企业由于缺乏规模效益，因此必须依靠技术创新，生产新、特、优产品获得市场竞争力，使产品具有较强的适应能力。中小企业要利用这些优势，树立自己的品牌优势，才能在国际谈判中占据主动地位。

68. 贸易保护：限制国际贸易的措施

贸易保护政策历来都与经济危机相伴相生。2007年7月，美国爆发金融危机之后，全球经济持续走低，而贸易壁垒屡创新高。WTO 2009年3月26日发布的报告显示，从金融危机后，已有23个国家和地区实施了85项贸易保护措施。

世界银行报告也表明，自G20国峰会承诺遏制贸易保护主义以来，G20国中的17个国家提出了约78项保护措施，其中的66项涉嫌以牺牲其他国家为代价对贸易进行限制。截至2020年一季度，47项保护措施已经生效。鉴于中国拥有巨大的出口份额和贸易顺差，针对中国的贸易保护尤其多，近来中国出口产品已经遭遇到了40多起反倾销、反补贴、保障措施和特保措施。

贸易保护主义是一种在全球经济低迷时通常会被采用的、保护本国经济的手段，指的是在对外贸易中实行限制进口以保护本国商

品在国内市场免受外国商品竞争，并向本国商品提供各种优惠以增强其国际竞争力的主张和政策。贸易保护主义在限制进口方面，主要包括：关税壁垒和非关税壁垒两种措施。

（1）关税壁垒

关税壁垒，通常指的是一国对进口商品征收高额关税以保护国内市场的措施。一国通过设立关税壁垒，提高对进口品所征收的关税，进而增加进口品的成本，提高其在本国的销售价格，最终达到削弱其在国内市场竞争力、保护本国产品在国内市场拥有份额的目标。常见的关税壁垒包括关税高峰、关税升级、关税配额、从量关税、从价关税等征收形式。

（2）非关税壁垒

非关税壁垒，指的是一国或地区在限制进口方面采取的除关税以外的所有措施。相较于关税壁垒而言，非关税壁垒可以通过国家法律、法令以及各种行政措施的形式来实现，而不用通过设立关税。非关税壁垒更为隐蔽，不易发现，而且形式多样，通常包括进口许可证制、进口配额制、技术性贸易壁垒等形式。

在现代贸易领域，非关税壁垒的威胁相较于关税壁垒更为严峻，主要有下面三方面原因。

① 非关税措施灵活性与针对性更强。关税设定需要通过一系列立法程序，一旦要调整或更改，也需要经历一定的法律程序与手续，因此关税具有一定的延续性。反观非关税措施的制定与实施，则通常采用行政程序，设立与执行起来都非常迅速，往往对出口商而言更难快速应对。

②　非关税措施的保护作用更为强烈与直接。关税措施是通过征收关税来提高商品成本与价格，以削弱产品竞争力的，其实行的贸易保护是间接的。而非关税措施例如进口配额，通过预先限定进口的数量和金额，来直接禁止过度进口，其实行的贸易保护是直接而迅速的。

③　非关税措施比关税隐蔽性与歧视性更强。关税措施，包括税率的制定与征收办法都是公开的，别国可以很容易获得相关信息。而非关税措施则往往透明度差、隐蔽性强，比如卫生措施，其把握尺度都在进口国，容易对不同国家实施不同的差别待遇。

面对愈演愈烈的中美贸易战，中国有出口公司总结了企业应对风险的"三大纪律"与"八项注意"，具体如下。

（1）"三大纪律"之一：避免盲目对买方加杠杆

一直以来，外贸出口企业善于通过赊销的信用方式、不断延长的信用期限提升出口竞争力，在出口规模不断增长的同时，对买方的信用杠杆日益提高，不少已超出买方自身的实力，一旦买方下游销售遇阻，容易演变为出口企业的收汇风险。面对贸易壁垒，企业如果盲目采用继续加信用杠杆的应对方式，将进一步加剧收汇风险。

（2）"三大纪律"之二：务必签署规范的出口合同

出口形势越严峻，出口方在合作中的地位越低，出现贸易纠纷的概率就越高，风险也越大。一份规范的出口合同，一些保护自身合法权益的条款有利于减少纠纷发生，更好地保障自身权益。更为重要的是，可以在发生收汇问题后更好地实施维权和海外追偿。

（3）"三大纪律"之三：避免大额信用交易的"裸奔"

当前国际信用环境不容乐观，不论政治风险还是商业风险，都处于高位，增加了收汇的不确定性。一旦发生大额收款风险，小则影响企业利润，大则影响企业生存。不论采用预付款、L/C（信用证）等结算方式，或者投保出口信用保险，比以往更为必要。

（4）"八项注意"之一：注意买方拒收货物风险

加征进口关税将增加买方税负成本，可能导致买方拒收已到港货物，从而给出口企业造成损失；若被拒收货物为定制产品或保质期较短货物，损失会更大。

（5）"八项注意"之二：注意买方拖欠货款风险

若大幅征收进口关税，即使买方按照合同约定正常提货，也可能因进口成本大幅增加而导致预期利润下降甚至亏损，影响买方付款意愿和付款能力，并可能将风险转嫁给出口企业。

（6）"八项注意"之三：注意库存风险

一旦进口关税增加，对已经签署但尚未发货的订单，买方直接违反合同单方面取消订单的风险将大增。特别是对于买方个性化定制产品或定牌产品，转卖性差甚至无法转卖，出口企业或将面临大额成本投入损失风险。

（7）"八项注意"之四：注意贸易纠纷增加风险

不良信用的进口商制造贸易纠纷从而逃避付款义务的做法，在当前国际贸易中大量存在。当进口关税增加，买方更容易恶意以贸易纠纷为由逃避债务或施加谈判筹码要求出口商降价。

（8）"八项注意"之五：注意出口企业清关不利的风险

绝大部分出口企业采用的价格术语由买方负责清关，进口国加征关税的责任由买方承担。但部分出口业务按DDP（税后交货）等方式操作，需要出口方负责清关，即进口国加征关税的成本需要出口方承担。出口方不仅将承担重大的风险，而又无法向买方实施追索。

（9）"八项注意"之六：注意加强对出口的精细化管理

同样的出口商品、同样的交易买方，不同企业面临的收汇风险可能截然不同，区别在于企业自身的风险管理能力。针对贸易壁垒，管理的重点包括出口合同条款的拟定特别是关税承担的约定，信用销售政策的制定，出运节奏把握和收汇跟踪等。

（10）"八项注意"之七：注意更好地利用出口信用保险工具

出口企业不仅要积极投保出口信用保险转嫁收汇风险，还应更好地按照保单约定做好相关工作，加强与信保互动。

（11）"八项注意"之八：注意不断优化全球布局

出口企业对单一国家（地区）依赖越大，在贸易壁垒下的影响通常就越大。在做好对贸易壁垒国家（地区）风险管理的同时，企业应注意不断优化国际市场布局，提升自身主动发展的能力。

69. 知识产权：无形的垄断

2020年，最高人民法院发布2019年中国法院10大知识产权案件和50件典型知识产权案例，不但集中展示了人民法院知识产权司法保护工作的成就，也充分发挥典型案例的示范引导作用，还让社会大众了解到了知识产权保护的重要性。让我们来看一下其中的一个典型案例。

案例3

　　A清洗系统公司是名称为"机动车辆的刮水器的连接器及相应的连接装置"的中国发明专利的专利权人。A公司于2016年向上海知识产权法院提起诉讼称，B汽车配件有限公司、C汽车配件有限公司以及陈某某制造、销售的雨刮器产品落入其专利权保护范围，请求判令B公司、C公司、陈某某停止侵权，赔偿损失及制止侵权的合理开支。A公司同时提出了临时行为保全申请，请求法院裁定B公司、C公司、陈某某立即停止侵权行为。后上海知识产权法院作出部分判决，认定A公司、B公司、陈某某构成侵权，并判令停止侵权行为。

　　据此未对A公司提出的临时行为保全申请进行处理。B公司、C公司等不服上述部分判决，向最高人民法院提起上诉。最高人民法院认定被诉侵权产品落入涉案专利权的保护范围，B公司、C公司的行为构成侵权，应当承担停止侵害的法律责任。

　　A公司虽坚持其责令B公司、C公司停止侵害涉案专利权的诉中行为保全申请，但是其所提交的证据并不足以证明发生了给其造成损害的紧急情况，且最高人民法院已经当庭做出判决，本案判决已经发生法律效力，另行做出责令停止侵害涉案专利权的行为保全裁定已无必要。故对于A公司的诉中行为保全申请，不予支持。

最高人民法院遂判决驳回上诉，维持原判。

上述案件由最高人民法院依法公开开庭审理并当庭宣判，敲响了最高人民法院知识产权法庭的"第一槌"，标志着技术类案件统一上诉机制顺利启动，也是最高人民法院知识产权法庭审判职能的首次展现。

为什么知识产权如此重要，企业之间非要争个"头破血流"？1967年，世界知识产权组织成立，随后知识产权一词应运而生。知识产权，又称为智慧财产权或智力成果权，是人们对其创造的智力成果依法享有的专有权利，通常只在有限时间内有效，即具有时效限制。

知识产权智力成果的范围非常广泛，包括：发明创造、文学艺术作品、商业标识、软件、企业名称、商业秘密、新品种植物、域名等。

在我国，知识产权属于民事权利的一种，具有一般民事权利的特征，比如私权性、法定性、绝对性。除此之外，他还具有以下五点特性。

（1）无形性

知识产权来自人的无形性的智力成果，知识产权的载体是有形的，比如作品、商标等，而知识产权的客体则是这些作品、产品等所体现出来的权利人的思想，是无形的。

（2）复合性

知识产权的内容既包括人身权利又包括财产权利。

人身权利，又被称为精神权利，代表着权利与取得智力成果的人的人身不可分离。比如，作者在其作品上署名的权利，或对其作品的发表权、修改权等。

财产权利，又被称为经济权利，是指智力成果被法律承认以后，权利人可利用这些智力成果取得报酬或者得到奖励的权利。

（3）地域性

知识产权的地域效力范围仅限于其所确认和保护的地域内。也就是说，除了签有国际公约或双边互惠协定外，经一国法律所保护的知识产权只在该国范围内发生法律效力。

（4）时间性

知识产权的时间效力范围仅限于法律规定的保护期限，期满后则权利自动终止。也就是说，法律对知识产权的保护规定了一定的期限，知识产权一般只在有限的时间内有效。现如今，各国法律对保护期限的长短可能不完全相同，只有参加国际协定或进行国际申请时，才对某项权利有统一的保护期限。比如，我国专利法规定发明专利的有效期是20年，实用新型和外观设计专利的有效期是10年，而商业秘密权、著作权中的署名权等个别知识产权的保护不受时间限制。

（5）专有性

国家赋予知识产权的创造者对其智力成果在一定时期内享有的独占权，其他人未经权利人允许不得使用该知识产权。通俗点说，知识产权实际上是一种垄断权，是法律赋予权利人对其智力成果所享有的专有权利，权利人独占或垄断的专有权利只有通过"强制许可""合理使用"等法律程序才能变更，这是知识产权最大的特征。

意识到了知识产权的重要性，企业应该这样保护自己的知识产权：

（1）建立知识产权管理部门，完善知识产权保护体系

现代社会，一家公司的研究开发成果以及知名的商标、商誉等知识财产逐渐成为高额利润的源泉，甚至是竞争成败的关键。这就要求公司内部必须有一个科学的知识产权管理部门，负责知识产权管理工作，制订企业知识产权策略，保证知识产权工作落到实处。

（2）通过法律途径维护企业的知识产权

企业不但要自己保护好自己的知识产权，一旦发生知识产权被侵犯，也要拿出法律武器维护自己的权利。诉讼是知识产权保护的最有力手段，及时通过诉讼解决纠纷，不但可以保护自己的知识产权权益，还能在大众面前树立企业强有力的知识产权保护形象，充分维护企业利益，也是一种变相宣传途径。

70. 商品倾销：低价出售也是罪

作为消费者，你进入一家商店，挑选货架上的产品，最关注的会是什么？答案往往是：价格。那么，你知道吗？如果一件商品价格过低，可能也是违法的！让我们一起来看下面的案例。

案例4

2017年2月8日，江苏德纳化学股份有限公司代表中国乙二醇和二甘醇的单丁醚产业向国家调查机关提出申请，认为美国和欧盟英力士化学拉瓦拉有限公司向中国出口的乙二醇和二甘醇的单丁醚倾销幅度加大。经有关单位调查，裁定被调查产品存在倾销，相关公司及其倾销幅度如表8-1所示。

表8-1　相关公司及其倾销幅度

公司名称	倾销幅度
益科斯达化工产品有限公司	37.50%
伊士曼化工公司	46.90%
陶氏化学公司	75.50%
英力士化学拉瓦拉有限公司	43.50%
沙索德国有限责任公司	10.80%
沙索溶剂德国有限责任公司	10.80%
巴斯夫欧洲公司	18.80%

根据《中华人民共和国反倾销条例》的有关规定，国务院关税税则委员会决定，自2018年4月12日起，对原产于美国和欧盟的进口乙二醇和二甘醇的单丁醚按一定税率征收反倾销税。

作为消费者，我们当然是希望商品价格越低越好，那么为什么国家严厉打击这种低价销售行为呢？先让我们来看一下什么是倾销。

《关于执行1994年关贸总协定第6条的协议》规定：如果在正常的贸易过程中，一项产品从一国出口到另一国，该产品的出口价格低于在其本国内消费的相同产品的可比价格，即以低于其正常的价值进入另一国的商业渠道，则该产品将被认为是倾销。世界贸易组织禁止在国际贸易市场上的倾销行为，倾销的背后往往有出口国家税收的支持，被视作国家之间的一种不正当竞争手段，目的是通过低价以达到消灭进口国本土市场竞争对手从而垄断整个市场。

从上一案例里，我们可以看出国家认定倾销的方法就是调查倾销幅度，指的是进口产品的出口价格低于其正常价值的幅度。通常，在实际操作中，我国有关机构认定某种产品的正常价值可以通过与一个合适的第三国出口的相同产品的可比价格进行比较而确定，或者在原产国的生产成本基础上加上合理数额的管理、销售和一般费用以及利润。

① 当倾销幅度≤0时，该产品不存在倾销。

② 当0＜倾销幅度≤2%时，倾销可以忽略不计，不予立案调查。

③ 当倾销幅度＞2%时，说明倾销有可能存在，如调查证明存

在实质性损害及因果关系，就可采取反倾销措施，通常的做法是按照倾销幅度征收反倾销关税。

倾销通常有以下四种类型。

（1）短期倾销

短期倾销，指的是为防止商品的大量积压危及国内的价格结构，生产商在短期内向海外市场大量地低价抛售该商品。因为时间短暂，这种类型的倾销对进口国商家的损害是最小的，进口国消费者也可以从中获取低价消费的好处。

（2）掠夺性倾销

掠夺性倾销，指的是为了在某一海外市场上取得垄断地位，生产商而以低于边际成本的价格向该国市场抛售商品，待将竞争对手驱逐出该市场后再实行垄断高价。这种类型的倾销具有明显的掠夺性意图，其对进口国商家的损害，超过了进口国消费者获得的好处，这也是国际贸易组织最为反对的倾销类型。

（3）长期倾销

长期倾销，指的是一国生产商为了实现规模经济效益而进行大规模生产，同时为了维持国内价格结构而将其中一部分商品长期地低价向海外市场销售。在这种类型的倾销中，进口国消费者实际上可以持续获得好处。

（4）逆向倾销

逆向倾销，指的是母公司从海外子公司输入廉价产品，以低于国内市场价格销售海外产品而被控告在国内市场倾销。实际上，逆向倾销在国际贸易中经常发生。

比如，作为硅钢合金的主要出口国，加拿大的国内消费却不足全国总销量的10%，其产品主要出口美国。1917年至1918年期间，其硅钢产品出口价格比国内价格高7%到70%，但加拿大国内的市场价比对美国的出口价要低20%到40%。

实际上，逆向倾销是加拿大出口商用来对付美国从价税征收体制的妙招。当时美国的关税法要求关税征收从价税的税基是出口商国内市场的现价。加拿大国内消费市场相对较小，因而对出口商本土市场的利润影响非常有限，而国内低价却让关税也降低了，这对出口商来说是有利可图的。

作为世界上的出口大国，我国企业可以这样应对别国提起的反倾销诉讼，具体做法如下。

（1）利用"一带一路"，调整出口贸易策略

我国企业应该积极调整出口策略，优化产品结构，提高产品附加值技术含量，以此提高企业的竞争力，同时扩大市场，不应局限于一个或多个出口目标市场，避免产品大量集中涌入造成目标市场政府的警惕。此外，我国企业应该乘着"一带一路"的东风，实施走出去的战略，充分利用国家优惠政策，扩大市场，建立多国贸易关系。

（2）注重反倾销专业人才培养，及时提起报复性反倾销诉讼

在现实的国际贸易中，部分国家明面上打着反倾销的旗子，实际上是故意将出口国商品挤出本国，保护本国品牌，反而是不正当

竞争。遇到这种报复性反倾销行为，我国企业不应害怕，应该及时提起相关诉讼，保护自身合法权益，同时应该注意相关人才的培养。

（3）了解世贸组织规则，合理利用多边贸易体制

我国企业需要深入学习各项世贸组织的规则和条款，遇到不合理的反倾销措施，才能懂得利用WTO规则保护自身合法权益。同时，我国企业应该充分借助国际商会、行政协会和政府部门的力量，进行跨国磋商。

71. 汇率：各种货币之间的关系

现在的部分年轻人喜欢跑去香港采购，比如珠宝、手表、鞋衣。那么，为什么会有这样的情况呢？答案是：价格差。是的，你没看错，同一件商品，在内地和香港可能存在价格差。那么你又要问了，为什么会这样？是商家故意在香港放出低价吗？实际上并不是，而是因为汇率折算。

案例5

2018年8月9日，美国总统特朗普在推特上宣称："我刚刚批准对土耳其的钢铝关税翻倍，铝产品20%，钢铁50%，因为土耳其里拉随强势美元迅速贬值，抵消了关税影响。当前美国与土耳其的关系是不好的！"

这样一条推特直接导致第二天土耳其里拉暴跌18%。土耳其总统埃尔多安气愤至极，立即向民众呼吁把美元换成自家货币里拉，但杯水车薪，土耳其里拉继续暴跌。2018年8月13日，土耳其里拉开盘再次崩跌10%，首次跌破"7"的关口。

土耳其里拉这样"崩盘式"暴跌意味着什么呢？通俗点说，假如一个多月之前，10000元人民币可以兑换7000里拉，而现在可以兑换10000里拉，也就是说你可以多获得3000里拉！

这样极强的汇率波动也把厂商打了个措手不及，土耳其一瞬间成为购买奢侈品的天堂，世界各地的代购和游客疯狂涌入，伊斯坦布尔购物中心各大奢侈品门店几乎都被抢购一空。

看了上面的案例，是不是感受到了汇率的奇妙？汇率波动的后果竟然影响如此之大，不但影响民生，甚至可以撼动一国经济。那么汇率是怎么产生的呢？汇率，又称外汇利率，指的是两种货币之间兑换的比率，也可以看作一个国家的货币对另一种货币的价值。

任何一国的汇率牌价都由外汇市场决定，外汇市场是在国际间向外汇交易者提供用于从事外汇买卖、调剂外汇供求的交易场所。除周末外，外汇市场每天24小时进行。影响一国货币汇率升跌的因素多种多样，主要包括以下八个方面。

（1）国际收支

影响汇率最重要的因素之一就是国际收支状况。当一国存在贸易顺差，则收取的外汇收入大于外汇支出，外汇储备则增加，市场上本国货币减少，会导致本币对外升值，在外汇市场上单位本币可以兑换的外汇金额上升。反之，当一国存在贸易逆差，则收取的外汇收入小于外汇支出，外汇储备减少，市场上本国货币增加，会导致本币对外贬值，在外汇市场上单位本币可以兑换的外汇金额减少。

（2）通货膨胀率

如果一国国内存在较严重的通货膨胀，即表示该国市场物价总水平较高，单位本币购买力下降，单位外币购买力相对上升，在外汇市场，本币会被抛售，而外币则被增持，这就导致了本国货币对外贬值，在外汇市场上单位本币可以兑换的外汇金额减少。反之，当一国通货紧缩，则会导致本币产生对外升值，在外汇市场上单位本币可以兑换的外汇金额上升。

（3）利率

在资本市场上，利率可以看作是货币的价格。当一国利率提高，该国资产会收到外资青睐，大量外资涌入该国，人们纷纷用外币兑换本币，使得市场上本币减少，而外币被大量抛售，这就导致了该国本币对外升值，在外汇市场上单位本币可以兑换的外汇金额上升。

（4）经济增长率

经济增长率对一国本币在外汇市场上的牌价影响与通货膨胀率类似，即经济高速增长时，物价总水平看涨。因此，如果一国为高经济增长率，则该国本币存在升值预期，导致在外汇市场上单位本币可以兑换的外汇金额上升。

（5）财政赤字

如果一国政府财政预算出现巨额赤字，代表该国政府向市场投资的本币过多，而外币相对较少，则该国本币会有跌水预期，在外汇市场上单位本币可以兑换的外汇金额减少。

（6）外汇储备

外汇储备对一国本币在外汇市场上的牌价影响与国际贸易收支类似，如果一国政府外汇储备较高，代表该国存在贸易顺差，导致本币对外升值，在外汇市场上单位本币可以兑换的外汇金额上升。

（7）投资者的心理预期

汇兑心理学认为外汇汇率是外汇供求双方对货币主观心理评价的集中体现。当外汇市场上人们普遍对某一货币评价高、信心强，则该货币升值。与其他影响因素不同，汇兑心理学可以解释极短期或短期的汇率波动。

（8）各国汇率政策影响

为了维持本国货币在外汇市场上的问题，必要时，一国政府会"下场"干预汇率走向。比如，为了挽救持续低迷的经济，日本央行推出了超级量化宽松货币政策，导致日元后续出现大跌，通过维持日元低估实现了经济高速成长。

影响汇率变化的因素有很多，外贸企业应该采用以下两种方式积极应对。

（1）合理利用金融工具，提前布局防范风险

2020年初新冠肺炎疫情暴发之后，人民币持续对美元升值，一定程度上不利于出口企业后续收汇以及业务发展。尤其是对于以劳动密集型产品、低附加值产品出口为主的中小微外贸企业来说，由于自身利润率较低、抗风险实力较弱，人民币升值的影响更加直接和明显。因此，外贸企业要加强风险研判，善于运用金融工具，提前布局化解汇率波动风险，比如通过锁定汇率方法，在产品出口后，立即与银行签订远期结售汇协议，利用银行提供的远汇、套期保值等金融工具进行避险。

（2）通过理财等投资渠道，应对汇率波动

外贸企业也可以通过银行的理财产品，投资国外的政府债券、基金、外汇等金融理财产品，利用外汇买卖、结构性存款、远期利率协议等金融工具，实现避险保值。此外，用好国际融资产品，选择银行国际融资产品中的押汇、出口票据融资、出口信用保险融资、福费廷等业务品种，也是应对汇率风险的好选择。

72. 热钱：经济危机的推手

2020年初，新冠肺炎疫情给全球经济造成严重的打击，资本市场在同年2月股价大幅回调，但经过各国政府各式财政政策和货币政策向市场投放积极信号，使得股价在一个月后极速反弹，开启了新的一轮全球牛市。

随着股民群情激愤，证监会原主席肖钢在一次会议上却警告：当前主要发达经济体实行零利率、负利率，借钱很便宜，有一部分短期外资，即热钱，会进入中国市场。这种资金快进快出，进来的时候会促使我们的资产价格快速上升，快速撤离的时候，能够造成我们市场大幅的波动。从最近几年的情况来看，中国资本市场和境外的资本市场这个联动性在显著上升，我们一方面要坚持扩大开放，进一步吸引外资到中国的资本市场来。另外一方面也要注意防范短期资金进来可能对未来的市场波动带来影响。

热钱真的那么可怕吗？让我们先来看看热钱的定义。热钱，也被称作游资、投机性短期资本，指的是投机者为了追求最高的报酬以最低的风险在国际金融市场上迅速流动的短期投机性资金。

2020年，作为全球范围内经济正增长的国家，中国受到了许多短期投资客的青睐，大量外资热钱涌入中国，造成人民币持续升值，通货膨胀率有抬头趋势。这么看，短期内热钱流入其实能够刺激国内投资市场，但实际上热钱的危害正在酝酿当中。

让我们一起来看看下面的案例。

案例6

1990年，世界主要发达国家经济增长缓慢，东南亚国家的经济却奇迹般高速增长。在经济发展中，东南亚各国需要大量的资金，所以市场对资金的渴求不断拉高了利率，导致大量的热钱兑换成本国货币进入这些国家套利。

同时，东南亚国家不断发行货币来应对市场对资金的需求，造成资产价格暴涨，尤其是楼市价格。从这两个渠道流入的热钱很多都进入了房地产行业，催生出大量的楼房建设，最终让房子严重供过于求，使得泰国、菲律宾等国家的房屋空置率高达20%。

由于市场利率不断提高，企业的还债压力越来越大，一些资金少、实力弱的房地产企业开始破产，很多烂尾楼和房子卖不掉，同时居民的贷款也有很多无法收回，银行出现大量烂账。随着企业与居民负债率大幅度上升，泰国政府的负债率也水涨船高。

1992年至1998年间，东南亚主要国家的外债水平从30%至70%左右，大幅跃升至65%至170%，几乎资不抵债。这就意味着在泰国，无论是居民、企业还是政府都没有钱了，会发生债务违约，尤其是政府，因为他们本来就只有300多亿美元外汇储备，外债却有400多亿美元。这就是泰国当时面临的内外部环境，房地产大量过剩，债务危机爆发，金融机构坏账剧烈增长，出口不断减少，外汇储备不断消耗。在内因和外因的同时夹击之下，泰国经济面临崩溃。经济出现断崖式的负增长，从1996年的5.2%直接跌到-7%。

1997年初，著名做空机构量子基金老板索罗斯以较低的成本大量借入泰铢，然后在汇率下降之后再次买入泰铢偿还之前借的泰铢，完成套利。比如，期初用1亿美元借入30亿泰铢，但是当泰铢贬值到80泰铢兑换1美元时，再用1亿美元兑换80亿泰铢，去掉归还期初所借的30亿泰铢，净赚50亿泰铢。

因为要维持固定汇率，就需要在外汇市场上买回泰铢，抛售美元，但泰国政府没有这么多外汇储备，他们连归还外债都不够，只能眼睁睁看着泰铢跌水。1997年1月，索罗斯基金联合其他国际对冲基金开始对觊觎已久的东南亚金融市场发动攻击。索罗斯大量抛售泰铢的行为，让泰铢汇率直线下跌。同年5月，热钱大量流入泰国，泰国开始被资本控制。6月，对冲基金再度向泰铢发起致命冲击，泰国央行只能退防，因为仅有的300亿美元外汇储备此时已经弹尽粮绝。同年8月，泰国央行宣布关闭42家金融机构，泰铢陷入了崩溃。

随后，菲律宾比索、印度尼西亚盾、马来西亚林吉特相继成为国际热钱的攻击对象。接着，危机波及中国台湾、中国香港及韩国等地区和国家，货币危机演变成遍布亚洲的金融危机。

从上面的案例不难看出，流入国内的热钱不会永远老老实实地待在一个地方，它会流向预期收益率高的价值洼地，比如楼市、股市、期货，抬高市场价格，等未来通货膨胀率太高，央行出面降息后，再立刻撤离出来，保全自己。但这一撤离留下的往往是一地鸡毛，资本外逃、流动性紧缩以及资产价格泡沫破灭等灾难性后果屡见不鲜。

热钱回流加剧了汇率的不稳定，应该这样应对：

（1）主动出击，大胆"走出去"

根据外汇管理局发布《境内机构境外直接投资外汇管理规定》，我国进一步简化境外直接投资外汇管理，出台鼓励企业"走出去"的外汇管理政策。企业应该借助政策的"东风"，大胆"走出去"，把握境外直接投资的时机，降低境外投资成本，将手里的外汇"花出去"，借机储备战略性资源。

（2）拓宽目标市场，提升技术竞争力

随着中国经济在全球范围内带头复苏，我国企业却应该时刻警惕随时可能爆发的热钱撤退导致的汇率波动，应该抓住时机，及时找寻汇率更加稳定的新兴市场。从未来较长时间来看，新兴的经济体是成长的市场，存在着扩大中国市场空间的一些机遇。同时，企业需要尽量延伸产业链条，提高对外出口过程中的价值链和附加的水平。

73. 世界贸易组织：国际贸易争端的"调解者"

世界贸易组织，英文名为World Trade Organization，简称WTO。是一个独立于联合国的、永久性的国际贸易方面的具有法人地位的国际组织。该组织成立于1995年1月1日，总部位于瑞士日内瓦。截至2020年5月，拥有成员国有164个，观察员国24个，是世界上最大的多边贸易组织，与世界银行、国际货币基金组织并称为维护全球贸易的"三大支柱"。

WTO是众多贸易协定的管理者，各成员贸易立法的监督者，其职能在于制订和规范国际多边贸易规则、组织多边贸易谈判、解决成员之间的贸易争端，并为贸易提供解决争端与进行谈判的场所，因此，也被称作"经济联合国"。

那么，世界贸易组织是怎样调解贸易纷争的呢？下面来看一个案例。

案例7

1995年5月16日，美国政府宣布，根据美国1974年贸易法301节、304节，即单边报复制度的"301条款"，将对从日本进口的豪华轿车征收100%关税。美方指出：1993年7月，日本曾经同意通过谈判来解决汽车市场的问题，但实际上一直拒绝与美国谈判。在美国市场上。日本产汽车占有25%的份额，而美国产汽车在日本市场只有1.5%的份额。在汽车部件贸易上，美国对世界其他国家享有51亿美元的顺差，而对日本却有128亿美元的逆差。

因此，美方认为日本必须向全世界的汽车商开放市场，从而让日本汽车市场在透明和真正竞争的状态下运转。6天后，日本政府向WTO提出要求磋商。日方指出，美国政府的决定已经给日本造成了以下影响：1.08亿美元的货物停止装运或改运其他国家，933万美元的生产计划被削减。日方认为美方宣布的税率大大高于美国关税减让表承诺的汽车2.5%的约束关税率，违反了GATT第1条、第2条和第23条款项。

同时，日方还解释说明，自己的汽车市场是开放的，之前双边谈判之所以没有取得成果，是由于美国坚持要求固定的市场份额。

经过WTO出面调查、考证并进行调解，1995年6月28日，美日双方达成谅解，协议基本内容如下：

① 美国取消对日本汽车征税的决定，日本采取措施保证日本商人能自由销售外国汽车，鼓励外国汽车制造商在日本谋求市场份额。

② 采取措施扩大日本汽车制造商购买外国产的汽车部件的机会。

③ 在维持机动车辆安全和环境保护标准的同时，放松管制以改善外国汽车部件在日本汽车售后市场的准入。

对上述措施实施情况的评价应根据客观的标准，该标准不是给未来的交易规定具体的数字，而是衡量过去进展的标准，两国将每年就此举行磋商。

从上面的案例，我们可以看出世界贸易组织在国家与国家出现贸易纷争时，通过自己的调查、取证给出双方调解的最终结论，目的是让纠纷双方能够达成和解与共识。

世界贸易组织争端解决机构（DSB，Dispute Settlement Body），又称世界贸易组织争端解决实体，是世界贸易组织内部负责争端调解的核心职能机构，是以《关于争端解决规则与程序的谅解》为核心的、在关贸总协定争端解决机制基础上设立的常设性的管理争端机构，它有权设立专家组，有权以"反向协商一致原则"通过专家组和上诉机构的报告，保持对它做出的建议或裁决的执行与监督，并授权成员方中止减让及其他义务。

2001年12月11日，我国正式加入世界贸易组织。在此之前，我国解决国际贸易争端主要依靠与其他成员国进行双边贸易谈判解决。在加入世界贸易组织后，我国与其他成员国的纠纷则是由世界贸易组织争端解决机构进行裁决。

随着我国外贸行业不断发展壮大，我国外贸企业应该：

（1）透彻学习世界贸易组织关于争端解决的流程与原则

自1995年1月1日WTO成立至2011年9月30日的17年来，世界贸易组织争端解决机构根据《关于争端解决规则与程序的谅解》共计受理427起案件，远远超过GATT长达半个世纪的案件总数，这反映出成员方更加重视与依赖世界贸易组织来解决成员国之间的贸易争端，维护自身权益。美国与欧盟是使用世界贸易组织进行争端解决的垄断方。在这17年里，美国是通过世界贸易组织解决争端最频繁的国家，起诉其他成员国高达98起，位列第一，欧盟起诉其他成员国85起，位列第二，而我国主动起诉仅8件，这也从侧面反映出欧美国家对于世界贸易组织在贸易争端解决中的重视。

我国企业应该学习欧美企业，透彻学习《关于争端解决规则与程序的谅解》等世界贸易组织的文件条款，一旦遇到不公正对待，能够立刻拿起武器保护自己的权益。

（2）专设贸易纠纷解决岗位，培养高素质相关人才

我国企业还是较为缺乏贸易争端解决方面的专业人才。随着经济全球化与企业业务推进，贸易摩擦在所难免，企业应该重视并投

入相关资源，培养高素质人才，专设外贸纠纷解决岗位，让其不仅熟知本行业的专业技术，同时掌握世界贸易组织相关争端解决机制与文件，以便企业可以随时对贸易不公或有争议现象做出及时申诉应答。

第 **9** 章

婚恋经济学

每天学一点经济学，
幸福是一种稀缺资源

从表面看婚恋与经济学没有直接联系，但如果懂得用经济学思维来看待婚恋，很多问题就迎刃而解了。比如该不该结婚的问题，从经济学角度看，结婚好比"1+1>2"，两个人在一起可以产生协同效应，减少一方追求另一方的高额费用，还有很多费用可以减半。这就是经济学上的协同作用，可以让资源得到充分利用，产生更大收益。

74. 恋爱成本：谈钱伤感情，谈感情"伤钱"

近年来离婚率上升，而结婚率下降，当男女们从海誓山盟、甜言蜜语中惊醒，双方却往往为了恋爱期间的各种花销再起争执。真是应了那句话：谈钱伤感情，谈感情"伤钱"。

广州市某区人民法院曾公布过恋人之间的财产纠纷案例，让我们一起来看看。

案例1

① A男与B女于2010年底相识恋爱。2012年12月，A男、B女共同前往广州市某楼盘，以B女名义贷款购买了一套房子，其中首期款70万元，全部由A男支付。2013年4月起，双方产生矛盾，最终感情破裂而分手。A男要求B女返还购房首期款70万元被拒绝，A男诉至法院。

一审法院认定，A男支付的购房首付款70万元系附解除条件的赠与合同——即赠与行为已然发生法律效力，而若双方最终缔结了婚姻关系，原告财产赠与的目的实现，该赠与行为保持其原有效力；一旦双方没有缔结婚姻关系，赠与行为则失去法律效力，当事人之间的权利义务关系当然解除，赠与财产恢复至初始状态。对于购房购车这样大额的支出，除非受赠与一方有相反证据证明，否则，可以推定付款的一方必然是以将来能够结婚的预期作为付款的前提条件，因恋爱失败分手而不能结婚的，其当然不符合赠与一方在赠与时的心理预期。因此，

一审判决B女应当返还购房款70万元。B女不服，上诉，二审
中又撤诉。一审判决已生效。

　　② C男与D女自2015年底恋爱，并于2016年6月起同居。
2016年4月，C男支付购车首付款约8万元，并以D女名义向银
行贷款118000元，购买了小轿车一辆（发票价171800元），
车辆登记在D女名下。从D女的账户每月向银行偿还贷款。
2017年9月，双方因感情不和分手后，车辆一直由C男占有使
用，D女请求返还车辆不成而诉至法院并主张男方支付此前的
车辆使用费。

　　一审法院认定，C男主张车辆归其所有的主张，与车辆实
际登记权属人及物权法的规定不符，不予支持。但其购车出资
属于恋爱期间的大额支出，应当获得大致相当的弥补，因D女
持有C男出具的15万元借条，D女愿意以此与C男出资的购车款
相抵，因此法院判决C男返还车辆给D女。同时考虑到双方曾
经的恋爱关系，法院一审判决C男不必支付此前的使用费，仅
在判决确定的返还日期届满后开始支付使用费每天200元。一
审判决后双方均服判不上诉，一审判决已生效。

　　从上面的案例，不难看出，恋人们在恋爱期间的花销应该分以
下两部分来看。

　　（1）必要的日常生活支出

　　在恋爱中，情侣们常常会为对方的消费付款，比如一起吃饭、

看电影、去游乐园玩耍等日常小额开销，属于双方维系和发展当下情感的必要支出，在分手后不被法院支持返还。

（2）以将来结婚为目的而进行的买房买车等大额消费

对于恋爱中的情侣购房购车这样的大额支出，除非受赠与一方有相反证据证明，否则法院推定付款一方必然以将来能够结婚的预期作为付款的前提条件，因恋爱失败分手而不能结婚的，法院将参照当事人自身的经济能力来定性，确定返还比例。

当然，如果在恋爱过程中，双方就写有字据，签订了协议，或者从其他证据可以推断出双方达成了一致的意思表示，则法院将按照协议来指导恋爱失败后的财产处理。

那么应该如何降低爱恋成本呢？现在很流行一句话：好的爱情不是门当户对，而是势均力敌。实际上，这句话非常符合经济学里的博弈论。博弈论告诉我们，在双方爱情的"博弈"中，处于付出较大而收益却小的一方最易更换情人或变更婚姻主体。

因此，我们应尽力去想象自己的爱人的种种缺点，想到他可能的自私与任性等，在婚姻与爱情中做最坏的打算，这就是你将要承担的"恋爱成本"。

与此同时，博弈论也给了我们一些建议。你需要真诚、主动、理性、遵守规则、相互间尊重，在自利的同时不损人，以合作双赢为目的。因为只有这样你们的博弈才能达到均衡，你们的关系才最稳定。

75. 消费者剩余：找一个你爱的人，还是爱你的人

2020年初新冠肺炎疫情之后，人们发现了一个奇怪的现象，全国的婚姻登记处复工后，被成群结队赶来离婚的人挤满了，频频登上热搜。

案例2

2020年一季度，根据民政部公布的婚姻大数据显示：2019年共计结婚登记947.1万对，近十年来，结婚夫妻首次跌破千万，离婚登记415.4万对，离婚夫妻连续4年破四百万。中国的离婚率已经连续16年上涨，着实让人惊讶。

某国际公司据此调查了我国600名已婚女性，结果显示我国女性对婚姻的满意度最低，只有37%的女性同意"在我的人生中能遇上我的配偶/伴侣非常幸运"，同意"我的配偶/伴侣是我一直梦寐以求的理想伴侣"的也只有20%。

中国的离婚危机背后的原因，是女性群体对婚姻的满意度较低。

为什么会满意度低？为什么婚前千辛万苦也要在一起，婚后却那么轻易说分手就分手？有句经典台词可能可以回答这个问题：我花了很长的时间才明白，细节打败爱情。

那你又会问了，为什么结婚前不计较车子、房子、彩礼，婚后却在这么小的细节上计较来计较去？这就牵扯到了一个经济学上的

问题：消费者剩余。英国经济学家阿尔弗雷德·马歇尔在他的著作《经济学原理》中首先提出了消费者剩余的概念，指消费者购买一定数量的某种商品愿意支付的最高价格与这些商品实际市场价格之间的差额，用公式简要表示就是：

消费者剩余＝消费者最高心理价位－消费实际支付价格

通俗点说，就是在实际生活中，人们购买一件商品时，看到标价的时候会在内心盘算自己愿意支付的最高价格，如果愿意支付的这个最高价格高于商品的标价，那么消费者就会觉得"赚到了"，获得消费带来的效用。反之，消费者会觉得"亏了"，便不愿意购买。所以，人们在消费时都会跟商家讨价还价，把售价压至自己的最高心理价位之下，使自己的消费者剩余效用最大化。

与消费者剩余相对应的，还有一个生产者剩余的概念，指的是生产者在生产中投入生产要素与产品的最低供给价格与当前市场销售价格之间存在差异而给生产者带来的额外收益。通俗点说就是卖家的收入减去实际成本的差额，用公式表示就是：

生产者剩余＝生产者得到的收入－生产者实际投入的成本

因为在一笔交易中，生产者得到的收入等于消费者实际支付的价格，所以一笔交易的总剩余的计算公式就是：

总剩余＝消费者剩余＋生产者剩余＝消费者最高心理价位－生
产者实际投入的成本

如果用经济学来看恋爱与婚姻，那么在恋爱中，我们既是生产者，也是消费者，这是恋爱这笔"交易"尤为特殊的地方。我们作为生产者的时候，为对方付出成本，比如感情、财富甚至是健康，而当我们作为消费者的时候，我们从对方处获得感情、财富等带来的效用。

如果一个人在恋爱中，作为生产者时斤斤计较，总用作为消费者时从对方处收获的效用作为准绳，来预估自己愿意提供的最高效用，那么，在作为消费者时又不免会计较起自己作为生产者时为对方付出的成本，一来一回，自己愿意付出的成本越来越低，想要收获的效用越来越高。而在恋爱中，对方往往也会有同样的心理活动。

就这样，双方计较来计较去，两人获得的总剩余越来越少，最终无法维持这段恋爱或婚姻。恋爱或婚姻千万可别这样进行，一段良好的关系，不但要关心自己的剩余，也要关心对方的。也就是说，一段恋爱或是婚姻需要以总剩余为目标，只有作为消费者时愿意付出的心理价位越来越高，作为生产者时实际付出的成本越来越低，两人的总剩余持续不断增加，才能让这段关系持续地正循环下去。

学习了消费者剩余观点，我们应该这样维持一段良好的恋爱或婚姻：

（1）降低对恋爱或婚姻的心理预期

在一段感情里，双方其实都没有多大的问题，只是因为在很多事情上彼此的预期不一致，他觉得应该这样，她又觉得该是那样，两人又不沟通，结果摩擦升级、矛盾重重。请降低你的心理预期，抛弃"对方爱我就能理解我"的想法，其实有时候你自己都不知道自己想要什么，你不沟通，对方又怎么会知道呢？

（2）提高愿意支付的心理"价格"

面对高昂的结婚成本，有的年轻人越来越不敢谈恋爱，恐婚症、丁克族越来越多，愿意共同奋斗的人往往越来越少。一段缺少投入的感情注定不能持久，因为更换伴侣的代价即在前一段关系中投入的沉没成本太少。想收获，先付出，提高双方愿意支付的心里"价格"，才能为这段关系打好地基。

奥斯卡·王尔德曾说：生活就是一件蠢事接着另一件蠢事，而爱情就是两个蠢东西追来追去。在感情上，"蠢"一点，更幸福。

76. 帕累托最优：门当户对的观念可能并不过时

结婚为什么要讲究门当户对，站在经济学的角度看，就是不同人群偏好存在差异。年轻人或因为颜值带来的满足，或因为对方悉心照料带来的安全感，而判断与对方的结合可以带来巨大收益，但父母却可能处于理性，综合考虑对方的家庭背景、个人财富等，做出更为理性和务实的决策。

从经济学角度来看，婚姻就是两个人合并成一个新的家庭，并带着各自资源进行重新整合与配置，而资源最佳配置模式应该是双方都达到帕累托最优。

帕累托最优最早由意大利经济学家维弗雷多·帕累托提出，指的是资源分配的一种理想状态。假定有固定的一群人与可分配资源，从一种分配状态到另一种分配状态的变化中，在没有使任何人境况变坏的前提下，使得至少一个人变得更好，这就是帕累托改进或帕累托最优化。帕累托最优则指的是在不使任何人境况变坏的情况下，不可能再使某些人的处境变好，即帕累托改进的余地已经没有。

让我们下面一起通过模型来看一下婚姻中的帕累托最优是如何实现的。

案例3

假设：小王，男，1988年，婚前生活质量为a；

小云，女，1989年，婚前生活质量为b。

小王与小云结婚后双方的共同所得为一个常量c，两人彼此相互拥有对方带来的资源，因此，两人婚后所得都是：

$$d = \frac{a+b+c}{2}。$$

如果小王与小云是门不当户不对的两个人，即a与b相差很大，比如a=1，b=9，那么婚后两人所得$d = \frac{1+9+c}{2} = 5 + \frac{c}{2}$。

当c<8时，婚后各人所得小于9，小云的生活质量会变差，她对婚姻是不满意的，小王的生活质量会变好，他会得到帕累托改进；

当c=8时，婚后各人所得等于9，小王的生活质量会变好，他会得到帕累托改进，小云则维持不变，她对婚姻态度是中性的；

当c>8时，婚后各人所得大于9，小王与小云的生活质量都会变好，他们都得到帕累托改进，对婚姻态度都是满意的。

因此，我们可以看出，两人婚后共同所得至少要达到8，才能维持稳定的婚姻。

那么，如果换个角度，小王与小云是一对门当户对的人，

> 假设 $a=b$，那么，只要婚后所得 $c>0$，两人的生活质量都会变好，都能得到帕累托改进。

所以，从上面的模型推导，不难看出门当户对的人更容易从结婚中获得生活质量的改进，即帕累托改进，最终达到帕累托最优。从经济学的角度来看，曾经被我们鄙视的门当户对的老论断从某种角度上恰恰符合经济学。看来"门当户对"的观念，也可能有其存在的合理性。

学习了帕累托最优，我们应该这样建立一套婚姻观念：

（1）物质上保持"门当户对"

如果一方带入婚姻的资源比另一方要多，则婚姻不能使得其感受到帕累托改进。

我们必须认识到，婚姻固然要有经济基础作为保障，但是经济基础却不是绝对的。

（2）精神上争取势均力敌

除了物质上，现代人也更加追求精神认同。网络上曾流行过一句话：婚姻里的最好状态是彼此倾慕，互不嫌弃。两个人的结合不但要在物质上实现帕累托最优，也要在精神上实现帕累托最优，这就要求双方在家风、价值观、人品等上面"势均力敌"。彼此心有灵犀，这样的婚姻才能长长久久。

77. 沉没成本：是否放弃关键看是否投入过

2020年5月28日，十三届全国人大三次会议表决通过了《中华人民共和国民法典》，其中规定：禁止重婚。禁止有配偶者与他人同居。禁止家庭暴力。禁止家庭成员间的虐待和遗弃。

在现代社会上，家庭暴力一直都被大众所唾弃，但奇怪的是，很多女性遭受家暴却选择忍气吞声，为什么？经常能听到这样一个回答：为了孩子。孩子曾经是爱情的结晶，也是自己曾经投入这段感情的沉没成本的象征。这里我们就需要了解一个概念，沉没成本是什么？沉没成本指的是以往发生的，但与当前决策无关的费用，通俗点说就是那些已经付出且不可收回的成本，比如金钱、时间、精力、感情投入等。

前北京大学法律经济学研究中心联席主任薛兆丰曾公开提出过一个观点：沉没成本不是成本。他表示，成本是放弃了的最大代价，而如果没什么可放弃的，也就不存在成本。沉没成本就是指那些已经发送但不可收回的支出。当我们没办法再收回、没办法再放弃时，就不存在成本。凡是提到成本，我们一定是向前（未来）看，而不是向后（过去）看的。所以，沉没成本不是成本。

这段话实际上很好理解，比如：

① 吃自助餐：餐费支付后，你走进餐厅，发现菜真难吃，残羹冷炙，这时真正值得掂量的不是已经付出的自助餐费（沉没成本），而是吃与不吃的后果，吃了可能胃不舒服、拉肚子，真的要吃下去吗？这才是你真正要考虑的成本。

② 开发产品：企业巨额投资开发某种产品，结果刚开发完发

现已经被市场淘汰了，这时要考虑的不是花出去的投资（沉没成本），而是推广与否的后果，它们真的值得推广吗？这才是你真正要考虑的成本。

③ 谈恋爱：大多数人谈恋爱，过了盲目期后，进入理性判断期，这时要考虑的不是过去耗费的时间和精力（沉没成本），而是未来投入的感情是不是值得，很多人发现了不适合，但是多少人能果断分手呢？这才是你真正要考虑的成本。

④ 买股票：你持有一只股票，根本不管走势，死守着想要捞回本钱，实际上后面的行情跟你前期付出的沉没成本毫无关系，它们真的值得你继续持有吗？这才是你真正要考虑的成本。

人性对损失的厌恶导致了人们难以理性看待"沉没成本"，难以理性地做出正确的选择。

当爱已成往事，我们该如何潇洒转身呢？可以借鉴以下两点做法。

（1）不要纠结过去，请放眼未来

很多人会纠结"我花了几年的时间谈这段恋爱，我不舍得"。但你要知道，这种不舍得，只是对自己的沉没成本不舍得，往往并不是这个人你有多么留恋。所以，请你节约未来可能要投入的成本，请把你的感情、精力放在更加值得的人和事上面，把沉没成本从脑海中彻底忘记，让自己的心里腾出点空间，准备接纳下一个对的人。

（2）不要着眼成本，多看看收益

一段感情不可能只带来痛苦，人心善变，既然对方留不住，不妙潇洒目送对方离开，怀着感恩的心，审视这段感情，并好好珍惜从这段感情里所得到的，比如曾经的快乐时光、从其中汲取的教训，这些都是能够让你重新启程的动力与宝藏。

78. 逆向选择：鲜花总在牛粪上插

中国有句俗语：癞蛤蟆想吃天鹅肉。现实社会中，吃到天鹅肉的"癞蛤蟆"可真不少。让我们一起来看看下面这个在美国流传甚广的故事。

案例4

在纽约，有一位非常漂亮的女孩，有很多人爱慕她，但却始终没有一个男生真正追求过她。有一天，巴菲特在街上恰巧碰到了这位漂亮的女孩，颇为心仪，但很快转念一想："这么漂亮的女孩，怎么会轮得到我去追呢？肯定有比我更年轻、更有钱的小伙子去追求她。"于是，巴菲特长叹一声，与这位姑娘擦肩而过。

有一次，这位漂亮女孩出席一个晚会，刚好碰到了比尔·盖茨。面对佳人，盖茨心动了，但很快又犹豫了："这么漂亮的女孩，不会轮得到我来追吧？肯定有比我更魁梧英俊的人去追求她。"于是，盖茨也长叹一声，继续搞他的软件事业去了。

就这样，这位漂亮的女孩一直到了三十多岁还没有男生来追求。突然有一天，一位出租车司机向她表达了爱意，最后二人终成眷属。女孩的许多闺蜜不无惋惜地说："没想到一枝鲜花插到了牛粪上。"

看了上面这个故事，你有什么感受？你也许会替这个女孩感到惋惜，这个女孩寻找伴侣的过程中，遇到了很多优秀的男士，却最后因为信息不对称，与一位普通男士结婚了。实际上，这在经济学里就被称为：逆向选择。逆向选择指的是由于信息不对称所造成的市场资源配置扭曲的一种经济现象。

1970年，美国著名经济学家乔治·阿克尔罗夫在其论文《柠檬市场：质量不确定和市场机制》中首次提出"柠檬市场"的概念，开创了逆向选择理论的先河。让我们一起来看看他是怎样描述逆向选择的。

案例5

"柠檬"一词在美国俚语中意思为"次品"或不中用的东西，柠檬市场被用来指代二手市场。在二手市场里，显然卖家比买家拥有更多的产品信息，两者之间的信息是不对称的。即使卖家说得天花乱坠，买家也不会相信卖家的话。对消费者来说，唯一的办法就是压低价格，以避免信息不对称带来的损失。但消费者提出的过低价格不会让卖家愿意提供高质量商品，这就导致二手市场上，优质品被"淘汰"，留下低劣品充斥市场，最后二手市场彻底萎缩。

把这个例子叙述得更为详细点，假设二手车市场中好车与坏车各占一半，每100辆二手车中有50辆质量较好的、50辆质量差的，前者标价15万元，后者标价5万元。此时，消费者过来向卖家询价，因为他不知道眼前的车子到底是好是坏，于是问卖家："你这质量怎么样？"卖家回答："我这车质量特别棒，你放心吧！"当然，买家不会放心，因为仅凭肉眼和卖家的一面之词，他知道只能通过压价来确保自己不吃亏："这车10万卖吗？"10万可能在买家心里已经是最高的价格了。卖家一听，他手上有一辆好车、一辆坏车，于是他便把那辆坏的卖给了买家。

坏车开始在二手市场畅销起来，而好车却因为买家给出的报价太低滞销，最后退出市场。到最后，二手车市中只剩下坏车在交易，买卖双方有一方信息不完全，造成了市场的无效率性。

从上面的案例，我们不难看出逆向选择的危害。逆向选择在二手市场、保险市场经常出现，因为信息不对称、制度安排不合理等，造成了一个市场资源配置效率的扭曲。

回到我们看的第一个女孩嫁给出租车司机的故事，也是逆向选择导致的。女孩在寻找伴侣的过程中，优秀的男士们只看到了女孩的外表，对女孩内心的选择一无所知，就这样直接放弃；而女孩因为长期没有人追求，对自己产生了怀疑，就这样放弃了找对象的高标准，很快接受了别人的爱。

了解了逆向选择的危害，每个人可以这样做：

遇到了喜欢的对象，请你大声说出来。根据逆向选择，如果你不主动问对方的心思，那么你大概率是要错过优秀的那个他或她的。请做主动迈出第一步的人，与其天天揣摩心思、惴惴不安，不如给自己一个不后悔的答案，给自己一个交代。被拒绝也无妨，这样才能更好地继续前进，不留遗憾。

79. 边际效用递减：女博士的择偶观

在搜索页面中输入"女博士"，可以很快查询到关于女博士的上百条信息，但其中占比最多的不是女博士的科研贡献，而是女博士的择偶与婚恋，并且这些内容中往往会涉及女博士负面性的报道。

20世纪90年代末，社会上就掀起了一阵谈论女博士的浪潮。博士，在战国年代被视为博通古今之人，也是现代社会里的学术型高级科研人才。但如今，提起女博士，有时却被打上"大龄剩女"甚至是"灭绝师太"等标签。

究其原因，与公众的误解有关。有的人觉得女博士只会埋头科研，找对象要求太高，以至于年纪很大了也嫁不出去。随着这样的印象不断强化，很多男性也一听对方是女博士就纷纷"告饶遁走"。而女博士被拒绝的次数多了，对爱情和婚姻的期望就下降了。

在经济学上，有一个概念为边际效用递减，可以很好地解释这一现象，指的是：在一定时间内，其他条件不变下，当开始增加消费量时，边际效用会增加，即总效用增加幅度大，但累积到相当消费量后，随消费量增加而边际效用会逐渐减少。

让我们举一个比较好理解的例子。

案例6

你现在肚子特别饿，正好路过一家包子店，吃完一个，你觉得好满足，于是买了第二个，你又三两下吃完了，摸摸肚子，觉得还没吃饱，于是继续买第三个。就这样，吃到第五个，你觉得有点撑了，渐渐不想吃了，但又怕晚上会饿，于是买了第六个，结果你勉强吃完，最后吃撑了。结果就是，多吃这最后一个包子并没有给你带来更多的边际效用，最后一个包子的边际效用为0。

因此，从经济学角度来看女博士婚恋难的问题，也就好理解了。每当女博士多谈一次恋爱，你从一段爱情中收获的总效用的增速会越来越小，直至你谈到某次恋爱时，你发现自己已经完全麻木了，即你不会再从更多的恋爱中获得更多的边际效用，谈与不谈，你已经无所谓了。

了解了边际效用递减，女博士们应该树立良好的择偶观：

（1）不要将就，遇到喜欢的大胆追求

女博士们遇到喜欢的，就算比自己学历低，也要大胆说爱，主动出击。不要将就，否则只能让你越来越怀疑自己的魅力，要知道，自信的女孩最美。

（2）不轻易说爱，也不轻易放手

珍惜谈恋爱的次数，珍惜每一次谈恋爱的机会，不轻易恋爱，也不轻易放手。根据边际效用递减规律，每增加一次恋爱带来的边际效用会递减，你并不会因为换的对象变多，而收获更多快乐，应珍惜眼前人、把握已有缘分。

80. 离婚决策值：要做好付出相应成本的准备

组成一个家庭是很简单的一件事情，但是想要将这个家庭更好地维持下去就非常的困难。有的人在结婚之后根本就没有办法维持，甚至还有的人在组成家庭之后，面临着非常大的压力。

2020年初因新冠肺炎疫情实行的封锁解禁后，我国很多地区的离婚率不降反升，例如陕西、四川离婚申请数量达到了近年之最。

根据有关部门的统计，在2010年到2020年的十年的时间里，我国离婚登记人数从268万直接增加到813.2万，离婚率已经高达39.33%。这个数据是非常惊人的，而且从现在的数据来看，离婚的数量还在不断上升。

英国消费者金融教育机构公司专门制作了"离婚计算器"，来帮助那些婚姻生活面临破碎、有离婚计划的夫妻估算成本、清查债务。如果仅仅按照法律层面来计算，那么离婚成本主要包括以下五个方面。

（1）财产分割

① 存款、现金：按照我国相关法律规定，夫妻财产一人一半，包括存款、现金，如果一方有赌博、家庭暴力、第三者等过错，则需要另当别论。

② 股票：特别要注意的是，如果股票被套住，要分割财产，就得准备"割肉"。

③ 房产、汽车：对于房子与汽车，如果两个人都想要，价格定不下来的话，就必须请评估师来定价，还要另外付一笔评估费用。

（2）诉讼费用

根据法院相关规定，针对财产不满1万元的离婚案子，诉讼费用是50元，如果超过这一标准，则需要按照财产总额，收取相应比例的诉讼费。

（3）律师费用

离婚律师费基于双方财产金额按照比例征收，一般在1%～2%，最低标准是1000～2000元。如果是二次离婚诉讼，就必须准备两笔律师费用。

（4）抚养费

如果有孩子的话，一方须支付给抚养孩子的一方抚养费用，通常是工资的20%～30%。

是不是已经看着头疼欲裂了？这还没计算完，如果现在换作一名经济学家来算账，你会发现离婚所要付出的成本会高很多。

（5）其他费用

离婚过程中还会牵涉误工费、交通费、人情费，比如结婚时，亲朋好友送过彩礼，离婚后就得由一人承担还送彩礼。

1981年，诺贝尔经济学奖得主、美国经济学家贝克尔在其著作《家庭论》中首次把经济学方法引入对婚姻行为的分析，提出离婚决策值的概念，他指出：当"合伙"的预期收益超过保持独身或继续寻找配偶所负担的成本时，个人便会选择结婚；离婚则是反过来推论。

因此，离婚决策的公式应该是：

离婚决策值＝解脱现行婚姻的效用－离婚的成本－再婚的成本

其中，解脱现行婚姻的效用指的是从这段婚姻关系中解脱出来，能够给自己带来的快乐、如释重负的感受。再婚的成本指的是如果离婚后做出再次结婚的决策，则需要投入的寻找新配偶、磨合新关系、建立新家庭等所需付出的成本。离婚的成本除了法律层面的五种成本外，还要加入子女分离、失去共同交友圈、婚姻失败带来的打击等情感成本。

总而言之，如果离婚决策值大于0，则你可以选择离婚，如果离婚决策值小于或等于0，那么希望你能再好好考虑一下。

了解了离婚决策值，我们应该这样维系婚姻：

（1）努力提高现行婚姻的效用

一段好的婚姻需要双方共同经营，需要两人共同携手同行。我们可以采用各种感情保鲜妙招，比如记得结婚纪念日、为对方准备惊喜，又如不要总是用批评的态度去挑刺等。如果遇到问题，请你

们携手一同解决。婚姻是自己的选择，在决定牵手的瞬间，就应该选择去相信对方，一起打拼才是婚姻最正确的打开方式。

（2）增加离婚成本与再婚成本

"能共苦，不能同甘"的例子在我们周围比比皆是，比如男人有钱之后，抛弃了糟糠妻，娶了年轻美貌的女子。

因就业市场的性别歧视、相亲市场的年龄歧视等问题，女性的离婚成本远高于男性，女性不能一味自己付出，这并不能增加对方的离婚与再婚成本。要维系一段长久地婚姻，还要增加对方的付出，比如结了婚一起做家务，有了孩子一起抚养等。